# VOYAGE

# AU CALVAIRE.

PARIS. — IMPRIMERIE DE CASIMIR,
RUE DE LA VIEILLE-MONNAIE, N° 12.

# VOYAGE

D'UNE FAMILLE CHRÉTIENNE,

## DE PARIS
# AU CALVAIRE,

PAR LE BOIS DE BOULOGNE

ET SURESNE;

## ET RETOUR PAR NANTERRE.

OUVRAGE UTILE AUX PERSONNES PIEUSES,
QUI SE RENDENT EN PÉLERINAGE AU MONT-VALÉRIEN.

## PAR ANTOINE CAILLOT.

## A PARIS,

A LA LIBRAIRIE, RUE SAINT-ANDRÉ-DES-ARTS;

COUR DU COMMERCE, N° 3.

—

1827.

# DISCOURS PRÉLIMINAIRE.

L'impiété avait abattu la croix de Jésus-Christ, élevée, par la piété de nos pères, sur le Calvaire de la capitale de la France; la piété des Bourbons l'a relevée. Au signal donné par leur exemple, nous avons bientôt vu accourir vers cette sainte montagne des milliers de fidèles de tout âge, de tout sexe et de toute condition. Ils étaient empressés de réparer, autant qu'il dépendait d'eux, les outrages dont l'auguste signe de notre rédemption avait été l'objet pendant près d'un quart de siècle. Nous nous sommes joints, avec une joie inexprimable, à cette foule de bons chrétiens; et c'est avec l'attendrissement le plus vif que nous l'avons vue se prosterner dans les lieux où la peinture a retracé les principaux mystères de la passion et de la mort du Sauveur.

Avec quelle émotion nous nous remettons devant les yeux le spectacle de cette pieuse multitude assemblée entre les murailles d'un temple, construit en partie et décoré à la hâte, et ces croix qui, élevées sur un rocher, dominent les vastes campagnes qui environnent la plus belle et la plus populeuse des cités! Pourrions-nous dire l'impression que faisait sur nous la vue de ce missionnaire, dont la jeunesse nous apprenait que son âme était innocente des crimes dont il nous retraçait le souvenir? Avec quelle éloquente simplicité, avec quelle douce onction il nous rappelait au culte de cette croix, à l'ombre de laquelle il prêchait, à cette antique dévotion de nos pères, en nous montrant ce bois sacré auquel était clouée la représentation de la plus auguste victime qui jamais ait été offerte en sacrifice ?

Et vraiment, quelle tribune pour l'orateur évangélique, plus capable de l'inspirer, que le rocher même au-dessus duquel est planté l'instrument des souffrances d'un Dieu! Là, il n'est aucun des plus grands mouvemens de l'éloquence auquel il ne puisse se livrer, sans craindre d'être accusé d'exagération. Jamais sa voix, quelque forte qu'elle puisse être, n'atteindra à la hauteur d'un sujet qui s'élève de la terre au ciel.

Ce que nous avons vu et entendu

sur le Mont-Valérien, nous a fait naître l'idée de cet ouvrage. Dieu veuille qu'il contribue à augmenter la piété des fidèles Parisiens et celle des peuples voisins pour le culte de la Sainte-Croix; et qu'il inspire aussi la même dévotion à ceux qui, jusqu'à présent, n'ont porté sur cet instrument de notre salut, que des regards de haine ou de mépris.

Dans le nombre des personnes qui visitent le Calvaire, pendant les deux octaves de l'Invention et de l'Exaltation de la Sainte-Croix, nous avons vu, avec autant d'édification que de sensibilité, plusieurs pères et mères de famille s'y acheminer avec leurs enfans. Après une révolution qui avait condamné les actes religieux à une sorte de ridicule, j'éprouvai un sentiment des plus délicieux à voir ces honnêtes parens inspirer à leur jeune famille cette piété qui était si commune chez nos pères. Ennuyé de cheminer seul vers le Mont-Valérien, malgré les méditations auxquelles je me livrais, et dont je sentais le désir d'en faire part à quelqu'un, je m'approchai d'une dame qui tenait par la main sa fille, âgée d'environ dix ans. Son mari la précédait de trente ou quarante pas, ayant à ses côtés ses deux fils, âgés l'un d'un peu plus de treize ans, et l'autre de douze. M'approchant ensuite de lui, j'entamai la conversation par l'expression du contentement que me causaient la beauté de la journée, la sérénité du ciel, et le spectacle du nouveau feuillage dont se couvraient les arbres et arbrisseaux qui bordaient l'avenue où nous marchions.

vj

Après quelques paroles sur le beau temps, sur le charmant mois de mai, et sur les vicissitudes qu'avaient éprouvées le bois de Boulogne, depuis les premières années de la révolution jusqu'en 1815. « Monsieur est sans doute un militaire retiré du service, lui dis-je; j'en juge par le ruban qu'il porte à sa boutonnière. — J'ai servi douze ans, me répondit-il, et j'ai fait toutes les campagnes depuis 1802 jusqu'en 1814. J'ai combattu à la Moskowa; et pour récompense de ma bonne conduite à l'armée, j'ai obtenu la décoration de l'honneur. J'ai eu de ma femme les trois enfans que vous voyez. Tout mon bonheur consiste maintenant dans les doux sentimens de la paternité; et je fais consister mes principaux devoirs à donner une instruction religieuse à mes deux fils et à ma fille. Si, dans les camps, j'ai oublié pendant plusieurs années les utiles leçons que j'avais reçues d'un instituteur, aussi pieux qu'éclairé, je me suis empressé, à mon retour de l'armée, de me défaire des habitudes anti-religieuses que j'avais eu le malheur d'y contracter, par les nombreux mauvais exemples que j'avais continuellement devant les yeux. C'est parce que je ne suis pas riche, que je veux laisser à mes enfans le plus utile et le plus précieux des héritages, savoir une bonne et solide instruction religieuse, et de meilleurs exemples que ceux qui, au service, m'ont poussé à bien des actions contraires à la morale de l'Évangile. »

J'applaudis, de bien bon cœur, à des sentimens si chrétiens; et je priai cet excellent homme de me permettre de l'accompagner jusqu'à la sainte montagne. « Je ne demande pas mieux, me dit-il; nous causerons, nous observerons, nous instruirons les enfans, nous répondrons à leurs questions; et d'abord je vous dirai ce qui s'est passé à la maison avant notre départ. »

# VOYAGE AU CALVAIRE.

## CHAPITRE PREMIER.

*Invention de la Sainte-Croix.—Préparatifs du départ pour le Mont-Valérien.*

Depuis plusieurs jours, le bon bourgeois, dont le nom était Duverneuil, entretenait ses enfans d'un grand voyage qu'ils devaient faire à pied, sans leur en dire l'objet ni le but. « Leur impatience, dit-il, était extrême, et leur curiosité s'épuisait en questions. Quand partirons-nous? Où irons-nous? Combien ferons-nous de lieues? — J'en voudrais faire quinze, et je me sens assez de courage et de forces pour ce voyage, disait Édouard, l'aîné d'Auguste, son frère, et de sa sœur Geneviève. — Et moi aussi, répétait celle-ci. — Et moi aussi, assurait Auguste. — Nous verrons bien après demain.

Lorsque la veille de ce grand jour fut arrivée : « C'est demain la fête de l'*Invention de la Sainte-Croix*; préparez-vous, mes enfans, à la célébrer en bons chrétiens. Armez-vous de courage; nous partirons à six heures du matin pour le Mont-Valérien, où sont représentés les mystères de la passion de Jésus-Christ, notre Sauveur. » Il m'est impossible de vous donner une idée juste des transports de joie auxquels se livrèrent ces enfans. Pendant tout le reste du jour, ils ne cessèrent de parler du Mont-Valérien, et d'adresser à leur mère des questions au sujet de la route qu'il y aurait à suivre pour y arriver, des lieux qu'il faudrait traverser, des objets qu'il y aurait à voir, etc. « Maman, dit Geneviève à sa bonne mère, je voudrais bien savoir ce que c'est que cette fête de l'*Invention de la Sainte - Croix.* — Je vais te l'apprendre, ma fille, répondit madame Duverneuil. Garde bien dans ta mémoire ce que je te dirai.

« Sainte-Hélène, mère de Constantin-le-Grand, premier empereur chrétien, et, chrétienne elle-même, voulut, malgré son grand âge, visiter les lieux sanctifiés par la présence, les actions et les souffrances de Notre-Seigneur. Étant donc partie de Constantinople avec un nombreux cortége, elle se rendit à Jérusalem, ville de la Palestine, à jamais célèbre par les nombreux mystères de notre rédemption. Animée d'un zèle ardent pour le culte des instrumens qui avaient servi à la mort de l'Homme-Dieu, elle ordonna des fouilles sur le Calvaire, à l'effet de découvrir le bois sacré sur lequel il avait offert le sacrifice qui devait consommer notre délivrance spirituelle. En creusant la terre, les ouvriers trouvèrent trois croix. Comme elles étaient semblables, et que, par conséquent, il était impossible de reconnaître celle de Jésus-Christ, l'évêque de Jérusalem les appliqua successivement sur le cadavre d'un enfant mort. O miracle de la toute-puissance divine! A peine eût-il été touché par celle où Jésus avait été cloué, qu'il ressuscita et parut plein de vie. Voilà, mes enfans, l'origine de la fête que l'Église célèbrera demain, 3 mai.

« Depuis cette époque, le culte de la Sainte-Croix n'a jamais cessé dans la catholicité. — Le Calvaire, où nous irons demain, reprit Auguste, est-il tout semblable à celui où Notre-Seigneur a été crucifié? — Non, mon enfant; il est un peu plus élevé. En France, et dans les autres pays catholiques, il y a d'autres Calvaires, qui sont tous placés sur des hauteurs assez considérables. J'ai vu celui de Lyon, pendant la semaine sainte; on met au moins une demi-heure pour y monter. Je me rappellerai, tant que je vivrai, avec attendrissement, l'immense foule de peuple, qui, le vendredi saint, et le jour de Pâques, s'acheminait pieusement vers la plate-forme où s'élèvent les trois croix, celle de Jésus au milieu. »

Après le dîner, pendant lequel les enfans parlaient tous à la fois du voyage qu'ils feraient le lendemain, madame Duverneuil commença les préparatifs du départ, aidée de sa petite Geneviève, qui ne faisait pas éclater moins de joie que ses frères. Le linge blanc et les vêtemens du dimanche furent disposés de manière que chacun pût, en se levant, s'emparer de ceux qui lui appartenaient. Comme l'appétit des enfans, surtout lorsqu'ils font un exercice auquel ils ne sont pas accoutumés, les tourmente souvent, madame Duverneuil envoya chez son pâtissier acheter un fort pâté qui devait être entamé à l'entrée même du bois de Boulogne, où l'on se reposerait de la fatigue du trajet depuis la rue Sainte-Avoie jusqu'à la porte de la Muette. La nourriture spirituelle ne fut pas oubliée; Geneviève prit son petit livre de Méditations sur les différentes circonstances de la passion du Sauveur, le plaça sur la table de son cabinet, et ses deux frères en firent autant de leur côté. « J'avais acheté, dit M. Duverneuil, quelques jours auparavant, quatre exemplaires du petit livre qui sert aux fidèles de Saint-Roch, pendant les stations établies dans cette église paroissiale. »

## CHAPITRE II.

*Chemins qui conduisent au Calvaire du Mont-Valérien. — Départ.*

« Plusieurs routes, dit M. Duverneuil à ses enfans, aboutissent de Paris au Mont-Valérien. La plus large et la plus fréquentée est celle qui s'étend depuis la barrière de l'Étoile jusqu'au-delà du pont de Neuilly, que l'on quitte à gauche pour entrer dans un chemin assez spacieux qui conduit à Suresne, en traversant la jolie plaine de Puteau. En suivant la grande route jusqu'à Nanterre, lieu de naissance de

la patrone de Geneviève, on trouve à gauche un autre chemin, autrefois presque inaccessible, mais qui, depuis quelques années, a été rendu beaucoup plus praticable aux gens de pied.
— Papa, interrompit Geneviève avec vivacité, allons par Nanterre. Oh! je t'en prie, mène-nous par ce chemin: j'y ferai ma prière à sainte Geneviève.
— A notre retour, lui répondis-je, nous descendrons par ce chemin, si toutefois vous n'êtes pas trop fatigués.

« La troisième route, par laquelle on arrive au Calvaire, s'étend à travers le bois de Boulogne, et se prolonge jusqu'à la Seine, vis-à-vis Suresne. On entre par la porte de la Muette, ou par la porte Maillot. C'est le chemin le plus agréable dans le printemps. Qu'il est différent de cette voie douloureuse par laquelle le Sauveur du monde, tout convert de sang et couronné d'épines, marchait en se traînant du prétoire de Pilate vers le mont où il devait achever son sacrifice! Nous irons, nous, hommes pécheurs, au Calvaire, par un chemin bordé de fleurs et de toutes sortes d'arbres et d'arbrisseaux.

« Vous verrez, mes enfans, à l'extrémité de l'avenue, les ruines de l'antique monastère de Longchamp, bâti par la princesse Isabelle, fille de saint Louis. — C'est donc là, papa, me demanda Édouard, que, pendant la semaine sainte, se rendent tant de beaux équipages, tant de jeunes gens à cheval, et toute cette foule de jeunes personnes à pied, que nous avons vues aux Champs-Élysées, le vendredi saint ? — Non, mon ami, cette multitude de promeneurs ne s'avance pas jusque-là. Les gens en voiture s'arrêtent à l'entrée du bois de Boulogne, et reviennent après y avoir fait quelques tours de promenade ; et les personnes à pied ne dépassent point la barrière de l'Étoile. C'est une mode qui n'a plus d'objet, et qui subsiste je ne sais pour quelle raison. Autrefois, parmi les vierges consacrées à Dieu dans le monastère de Longchamp, plusieurs, dont la voix était fort belle, étaient choisies pour chanter pendant trois jours de la semaine sainte, les *Lamentations de Jérémie.* La triste et douce mélodie de leurs chants, qui devait inspirer aux personnes qui les entendaient, les sentimens religieux, produisit un effet tout contraire. Comme les théâtres étaient fermés pendant ces saints jours, où l'Église pleure la mort de son divin époux, les enfans du siècle cherchèrent à se dédommager de cette privation par une autre sorte de spectacle, où le luxe le plus effréné, la plus criminelle dissipation, offraient le plus déplorable des contrastes avec la douleur des bons chrétiens et le deuil de nos temples.

« C'est un saint voyage, mes enfans, que nous allons entreprendre. Tâchez, lorsque nous passerons par cette avenue du bois de Boulogne, de ne pas vous livrer à des pensées profanes. Tout le fruit que vous devez retirer de ce pélerinage dépend de la conduite que vous y tiendrez. Vous ne laisserez point errer votre esprit sur tous les objets qui se présenteront à vos yeux. Vous vous garderez bien de promener vos regards sur les personnes que vous rencontrerez ; encore moins de tenir entre vous trois d'inutiles discours. Je recommande à Geneviève de bien surveiller les paroles de ses frères ; et s'ils s'écartent des règles d'une sage conversation, de leur rappeler l'objet et le but de notre voyage.

« Ce n'est pas que je vous défende, mes enfans, les réflexions que fera naître dans votre esprit le spectacle de la belle nature, ni les paroles d'admiration qu'elles vous suggéreront sur la puissance, la sagesse, et l'infinie bonté de son auteur. En allant au Calvaire, nous ne pourrons mieux faire que de nous exciter à l'amour de celui qui a tout fait pour nous dans l'ordre de la nature et de la grâce. Comment pourrons-nous mieux nous préparer à méditer sur le bienfait de la rédemption, que par notre reconnaissance pour le bienfait de la création? »

« Souvenez-vous bien, dit madame Duverneuil, Édouard, Auguste, et toi, Geneviève, de ce que votre père vient de vous dire; et qu'au retour de notre voyage, nous n'ayons aucun reproche à vous faire. Gardez bien le souvenir de tout ce que vous aurez vu et entendu. Celui d'entre vous qui en rendra le compte le plus fidèle recevra une récompense. »

Six heures du matin viennent de sonner. M. Duverneuil regarde à sa montre, dont l'aiguille est sur cinq heures cinquante-cinq minutes. « Allons, enfans, partons; Édouard, charge-toi du pâté, que nous n'entamerons qu'à Longchamp. — Mais, papa, est-ce que nous ne déjeûnerons pas avant de nous méttre en route? — La Providence ne vous manquera pas; est-ce qu'il n'y a pas des marchands de gâteaux? Ma femme, prends Geneviève avec toi; Édouard et Auguste marcheront à mes côtés.

« Lorsque nous fûmes arrivés à la

place Louis XV, continua M. Duverneuil, nous délibérâmes, ma femme et moi, sur la route que nous suivrions pour arriver au bois de Boulogne. Je voulais prendre par les Champs-Élysées, pour gagner le nouveau chemin qui, depuis la barrière de l'Étoile, conduit directement par les terres à la porte de la Muette. Mais, sur l'observation qu'elle me fit faire que cette nouvelle route n'offrait aucun ombrage contre les rayons du soleil, qui étaient déjà chauds, je consentis à suivre le quai jusqu'à la barrière des Bons-Hommes. »

## CHAPITRE III.

*Prière du matin. — Le dôme des Invalides. — Secours à un malheureux blessé. — Évanouissement de madame Duverneuil.*

Cependant les enfans ne pouvaient plus résister à l'appétit qui les tourmentaient. Madame Duverneuil avait oublié de leur acheter des brioches; heureusement, nous rencontrâmes, près du pont de Louis XVI, une femme qui en vendait : j'en achetais six, deux pour chacun.

Lorsqu'ils furent rassasiés, je les

réunis au pied d'un arbre, et là, les mains jointes et les yeux levés au ciel, ils rendirent des actions de grâces au dispensateur suprême de tous les biens. Je ne dois pas oublier de vous dire, qu'avant notre départ, nous avions fait, suivant notre coutume, la prière en commun, et que j'y avais ajouté l'oraison pour les voyageurs.

Tous les objets qui frappaient leurs regards étaient nouveaux pour eux. Ce superbe dôme des Invalides, dont la dorure réfléchissait les rayons du soleil, excitait vivement leur admiration. « Papa, dis-moi, je te prie, me demande Auguste, pour qui cette belle maison a-t-elle été bâtie ?—C'est, mon bon ami, un vaste hôtel que Louis XIV, après plusieurs grandes victoires remportées sur les ennemis de la France, fit construire pour servir de retraite aux braves guerriers qui avaient été mutilés ou blessés dans les combats, de manière à ne pouvoir plus ni servir, ni gagner leur vie par le travail. Ils sont bien aujourd'hui au nombre de trois mille. Rien ne leur manque dans cet honorable asile; ils y trouvent tous les secours temporels et spirituels. Voyez-vous, mes enfans, cette croix qui surmonte le dôme, et s'élève si haut dans les airs? Adorez-la du profond de votre cœur; et ne manquez pas d'en faire autant, lorsque vos yeux apercevront ce signe auguste au-dessus du frontispice d'un de nos temples. »

Plus on avançait, plus les enfans s'étonnaient de l'horizon qui se développait à leurs regards. Lorsqu'on arriva à l'extrémité de l'avenue, autrefois nommée le *Cours-la-reine*, et qui se terminait par la barrière de la *Conférence*, leurs yeux parcoururent avec un indicible ravissement ce vaste rideau qui s'étend depuis les hauteurs de Meudon jusque vers la plaine de Mont-Rouge. « Est-ce là haut le Calvaire? demanda Geneviève à sa maman. Ah! qu'il y a loin d'ici.—Non, ma fille, le Calvaire n'est pas là. Mais, dis-moi, perdrais-tu déjà courage? Si tu te sens trop fatiguée pour continuer la route, nous allons prendre une voiture et retourner à la maison. — Oh! non, maman, je t'en supplie. Je ne suis pas fatiguée; et je me sens tout le courage nécessaire pour faire encore plusieurs lieues. »

Les deux garçons ne laissaient pas d'éprouver un peu de lassitude; mais ils n'osaient le dire à leur père. On sait que le premier voyage que les enfans font à pied, leur paraît beaucoup plus long qu'il ne l'est en réalité, par la multitude des objets qui commandent leur attention. Aussi, à peine étaient-ils arrivés au pont d'Iéna, que déjà ils comptaient au moins deux lieues, savoir, une lieue depuis la rue Sainte-Avoie jusqu'à la place de Louis XV, et une lieue depuis cette place jusqu'au pont d'Iéna. « Papa, me dit Édouard, nous sommes des voyageurs, n'est-ce pas ? — Oui, mon ami. — J'ai lu dans un livre que les voyageurs ont souvent des aventures : en aurons-nous ? — Peut-être ; mais prions Dieu que celles qui pourraient se présenter soient heureuses, et contribuent à notre avancement dans la vertu. »

Dans ce moment même, comme nous approchions de la barrière, nous vîmes deux hommes qui portaient un brancard. Je leur demandai si la personne qu'ils y avaient étendue, était morte ou vivante. « C'est, me répondirent-ils, un malheureux ouvrier, père de famille, qui est tombé d'un bâtiment. Il s'est cassé un bras et une jambe. Voilà sa femme qui vient derrière nous. » Eh bien, mes amis, dis-je aux enfans, voici une aventure bien malheureuse, tâchons d'en faire notre profit, et de nous disposer à monter au Calvaire en faisant une action charitable à l'égard de ce pauvre homme, de sa femme et de ses enfans. Il faut nous cotiser nous cinq, pour faire une somme que Geneviève remettra entre les mains de cette épouse infortunée. » Aussitôt fait que dit : madame Duverneuil tire de sa bourse une pièce de deux francs, et la donne à sa fille : « Je contribue de mon côté d'une pièce de cinq francs. » Geneviève, à qui sa mère a remis un franc, dépose ces trois sommes dans un papier, en attendant qu'Édouard et son frère aient achevé leur compte. Depuis un mois ils avaient économisé, entre eux, quatre francs en pièces de cinquante centimes. Édouard aurait bien voulu retenir deux francs; Auguste s'y opposa en disant : « Mon frère, donnons tout; il nous en reviendra d'autres; et d'ailleurs, je suis sûr que le papa nous en saura bon gré. » Les quatre francs furent donc ajoutés aux huit que Geneviève avait recueillis. Après avoir mis les douze francs dans son papier, elle les porta avec joie à la jeune femme de l'ouvrier, et les lui présenta en la saluant d'un air à la fois amical et respectueux. L'homme, qui était couché sur le brancard, fit un effort pour lever la tête; et, levant les yeux au ciel, il parut lui demander ses bénédictions pour ma famille.

Après avoir offert cette aumône à la bonne et malheureuse femme, Geneviève revint triomphante vers sa mère. « Ah! maman, que je suis contente! lui dit-elle. — Ma fille, c'est l'effet des bonnes œuvres que nous exerçons envers nos semblables, que de nous rendre satisfaits de nous-mêmes. La charité est le fondement et la première de toutes les vertus chrétiennes. — Maman, maman, dirent les deux frères, Geneviève est bien heureuse d'avoir offert cet argent à la femme de ce malheureux ouvrier. Bonne petite fille, l'avons-nous entendue dire, que Dieu bénisse mille et mille fois ta main généreuse! Puisses-tu faire long-temps la consolation et le bonheur de tes chers parens! Va, je te donne ma bénédiction, et le bon Dieu y ajoutera la sienne! » Je vous avouerai, monsieur, que ces paroles de mes enfans me pénétrèrent jusqu'au fond du cœnr, et qu'ils me firent même répandre quelques larmes. Je ne doute pas que, s'ils eussent eu plus d'argent, ils ne l'eussent tout donné, tant ils étaient émus de compassion.

En sortant de la barrière, nous montâmes jusqu'à la grande rue de Passi, qui nous conduisit directement à la porte de la Muette. Comme les enfans ne s'occupaient d'autre chose que de l'homme qu'on emportait sur un brancard, et de sa jeune femme qui le suivait en pleurant, le chemin leur parut assez court. Cependant madame Duverneuil, qui n'avait pas mangé de brioche, ne marchait que lentement, et à environ cent pas derrière moi, avec sa fille Geneviève. Je m'apercevais bien qu'elle était fatiguée; mais comme elle ne se plaignait pas, je la croyais capable de gagner l'extrémité du bois sans se reposer que quelques instans. De quel saisissement je fus frappé, lorsque, venant à me retourner, je la vis assise sur un banc de pierre près de la barrière, et que j'entendis Geneviève qui m'appelait au secours de sa mère! J'accours aussitôt vers elle avec mes deux fils, et je la trouve complétement évanouie. Heureusement j'avais sur moi un petit flacon d'eau de Cologne; je lui en fis respirer, et lui en frottai le nez, les tempes et le front. Elle revint à elle d'autant plus promptement que la fatigue et le grand air du matin étaient les seules causes de sa défaillance. Lorsqu'elle fut en état de marcher, elle prit mon bras gauche, et je la fis entrer chez le concierge de la porte. Nous ne pouvions mieux faire que de nous arrêter dans cette maison. Un bouillon et un verre d'excellent vin eurent bientôt rétabli ses forces; et, après une demi-heure de repos, nous allâmes gagner l'avenue de Longchamp. Les enfans auraient bien voulu entamer le pâté, mais j'avais résolu de ne les faire bien déjeûner qu'à Longchamp. D'ailleurs, l'état de leur mère ne me permettait pas de lui faire prendre si tôt une nourriture trop substantielle et de difficile digestion.

## CHAPITRE IV.

*Les enfans s'égarent dans le bois de Boulogne. — Ils sont arrêtés par un garde. — Débats entre ce garde et M. Duverneuil.*

Ce fut à environ trois cents pas du commencement de l'avenue que je rencontrai M. Duverneuil, sa femme et ses enfans. J'ai dit les circonstances de cette heureuse rencontre, et je viens de rapporter fidèlement tout ce qu'il m'apprit des événemens qui l'avait précédée. Maintenant je vais faire le récit de tout ce qui se passa pendant le reste de notre voyage au Mont-Valérien, jusqu'à notre retour, par Nanterre, à Paris.

Tout ce que cet honnête bourgeois m'avait dit excitait mon admiration pour lui et pour sa vertueuse compagne; et je me félicitais d'être devenu, par un heureux hasard, leur compagnon de voyage. Leurs enfans, qui ne s'étaient point éloignés d'eux, avaient écouté avec beaucoup d'attention le récit que leur père venait de me faire de ce qui s'était passé le jour précédent et ce jour-là même jusqu'à leur entrée dans le bois de Boulogne. Lorsqu'il l'eut terminé : « Allez, mes enfans, dit-il à ses deux fils et à Geneviève, je vous permets de cueillir les fleurs printanières que vous trouverez sur vos pas, et de courir après les petits papillons qui commencent à voltiger; mais gardez-vous bien de vous trop éloigner, et surtout d'entrer dans les massifs. Il y a ici des gardes qui surveillent les voyageurs pour les empêcher de commettre la moindre dégradation. Si vous quittez la route ils vous arrêteront, et vous mettront au cachot. D'ailleurs, en nous perdant de vue, vous courrez le risque de vous égarer, sans pouvoir trouver votre chemin.—Papa, soyez tranquille, dit Auguste, nous suivrons la route, et de temps en temps nous nous retournerons pour vous voir et vous attendre. »

Les enfans ne tardèrent pas à profiter de la permission que M. Duverneuil leur avait donnée. Ils ne se mirent pas d'abord à courir; ce ne ne fut qu'insensiblement qu'ils s'éloignèrent d'environ cinq cents pas en avant, et disparurent enfin à nos regards. Il me serait impossible de peindre l'inquiétude mortelle que leur disparition causa à leurs parens et à moi-même, lorsque nous fûmes arrivés à un endroit où se croise l'avenue de Longchamp avec celle qui conduit de la porte Maillot à Boulogne, et auquel aboutissent, comme à un centre commun, plusieurs petites avenues. Nous regardons de tous côtes; nous crions : « Édouard! Auguste! Geneviève! où êtes-vous? » Point de réponse; M. Duverneuil et moi, nous nous décidons, pendant que madame Duverneuil restera à l'embranchement des deux routes, à aller à la découverte, l'un sur l'avenue de Boulogne, et l'autre sur celle de Longchamp, sans oublier les allées latérales. Nous partons donc, chacun de notre côté, en appelant les enfans de toutes nos forces.

J'avais fait au moins une demi-lieue,

en faisant retentir les airs de mes cris, lorsque je rencontrai un paysan. « Vous cherchez des enfans, deux jeunes garçons et une petite demoiselle, me dit-il ? eh bien ! un garde du bois les emmène, liés et garottés, de peur qu'ils ne lui échappent. — Quel chemin a-t-il pris ? — Retournez vite sur vos pas; en sortant d'une petite avenue, à quatre cents pas d'ici, il est entré avec eux, en traversant la route, dans l'avenue opposée. Ces pauvres enfans, conduits comme des criminels, pleuraient à chaudes larmes. Ah ! petits coquins, leur disait le garde, voilà donc comme vous alliez dans les massifs, briser les petites branches des arbres ! » Je remercie le bon villageois, et navré de douleur, je me mets à courir avec une vitesse extrême. J'entre dans l'avenue, et toujours courant à toutes jambes, je ne cesse d'appeler nos trois étourdis. C'est en vain ; de tous côtés règne le silence le plus profond. Enfin, accablé de lassitude et couvert de sueur, je suspends ma course et je cesse de crier, pour aller rejoindre madame Duverneuil, que nous avions laissée en proie à la plus vive douleur.

Dans l'espèce de labyrinthe où je m'étais engagé, il ne m'était pas facile de retrouver notre rendez-vous. Ce fut le Mont-Valérien qui servit à m'orienter. Au travers d'une éclaircie, en ayant aperçu le sommet, j'entrai dans une allée transversale qui me conduisit directement à l'endroit où madame Duverneuil devait nous attendre. Quelle ne fut pas ma surprise, à quels transports de joie je me livrai, lorsque je vis d'un côté les trois enfans que madame Duverneuil couvrait de ses baisers, et de l'autre son mari, qui avait l'air de se quereller avec le garde, tant il faisait paraître de vivacité dans ses mouvemens. Ce garde refusait une pièce de cinq francs que M. Duverneuil lui offrait; et en exigeait dix, en le menaçant de l'arrêter lui-même, comme responsable de la conduite de ses enfans. Jusqu'alors M. Duverneuil avait caché sa décoration sous une redingote qu'il portait sur son habit. Il la montra au garde, en lui disant qu'il était prêt à le suivre, pour se plaindre à son chef de l'amende qu'il prétendait arbitrairement lui imposer. « Sachez donc, lui dit-il, que je suis homme d'honneur, et que j'en serai cru sur ma parole. Vous avez servi, je l'imagine, et moi aussi; vous ne devez donc pas ignorer, et je ne l'ignore pas non plus, qu'entre militaires, il existe certains procédés de délicatesse dont ils ne doivent point se départir les uns à l'égard des autres. Prenez les cinq francs que je vous offre comme gratification, et non pas comme amende. C'est un sage conseil que je vous donne. » Ce ton de fermeté imposa au garde : il refusa l'argent, et se retira en priant M. Duverneuil d'agréer ses excuses.

Lorsqu'il fut parti : « Voilà donc, mes enfans, dit M. Duverneuil, comme vous avez respecté la défense que je vous avais faite de ne pas trop vous éloigner? vous mériteriez que je vous ramenasse à Paris sans entamer le pâté. Que la mésaventure que vous venez d'éprouver vous serve de leçon pour l'avenir. — Papa, interrompit Geneviève, le garde a menti, en disant que nous avions arraché des branches d'arbres. Il est vrai que, pour cueillir des marguerites et des petites fleurs jaunes, nous nous étions un peu trop avancés dans les massifs. Ne pouvant plus retrouver le bon chemin, nous nous sommes mis à crier. Cet homme nous a entendu, il a pénétré dans l'endroit où nous étions; il a tiré des cordes de sa poche, et nous a liés tous les trois. — Vous êtes bien heureux que je vous aie rencontrés; que seriez-vous devenus, et quelle affreuse situation eût été la nôtre ! »

## CHAPITRE V.

*Adoration de la Croix au milieu du bois de Boulogne. — Pénitence imposée aux enfans par leur père. — Repos et déjeûner à la porte de Longchamp. — Précis historique sur le Mont-Valérien et le Calvaire.*

Après avoir adressé quelques tendres reproches à sa jeune famille, madame Duverneuil se prosterna la face contre terre pour remercier Dieu de l'heureuse issue d'un si triste événement. Son mari, ses enfans et moi, nous suivîmes son exemple.

Lorsque nous nous fûmes relevés, « Voici, dis-je, le Calvaire en face de nous. Il est aisé de distinguer la croix de Jésus-Christ. J'ai lu quelque part qu'aussitôt que les voyageurs, qu'une pieuse curiosité a conduits à la Terre-Sainte, aperçoivent, du haut d'une montagne qui domine Jérusalem, les murailles et les tours de cette vénérable cité, où l'Homme-Dieu souffrit pour nous de si cruelles douleurs, ils se prosternent la face contre terre, répandant une grande abondance de larmes, se frappant la poitrine, et descendent ensuite à pas lents, le cœur serré et l'esprit absorbé dans de saintes méditations. Imitons ces pélerins; prosternons-nous encore et adorons cette Sainte-Croix qui, à la fin des siècles, apparaîtra dans les airs, toute rayonnante des célestes clartés. — Bonne et salutaire pensée ! » dit M. Duverneuil, et en même temps il nous donna l'exemple, en se prosternant le premier. Environ vingt personnes, qui arrivèrent dans ce moment, nous voyant dans cette pieuse situation, s'agenouillèrent, sans distinction de sexe ni d'âge, et se mirent à chanter la strophe *O Crux ave*, entonnée par un jeune ecclésiastique qui avait à ses côtés deux jeunes garçons dont nous jugeâmes qu'il était le précepteur. Jamais spectacle si touchant ne s'était offert à mes regards; jamais je n'en perdrai le souvenir.

Comme les enfans étaient extrêmement fatigués, nous nous reposâmes sur le gazon, pour leur faire reprendre des forces. Tourmentés de la soif et de la faim, ils pressèrent vivement leur père de leur donner quelques morceaux du pâté. « Non, leur dit-il; il faut que vous portiez jusqu'à Longchamp la peine de votre désobéissance; et même, je vous ordonne de réciter chacun cinq *pater* et cinq *ave*, en continuant notre route. Si Geneviève est trop fatiguée, je la placerai sur mes épaules. Allons! en marche! ajouta-t-il, après un quart d'heure de repos; viens, Geneviève, que je te porte. Nous réciterons ensemble nos cinq *pater* et nos cinq *ave*. »

Après un grand quart d'heure de marche, nous arrivâmes enfin à la porte de Longchamp. Il en était temps. Les enfans se mouraient de soif encore plus que de faim, et sans doute, il leur eût été impossible de faire une centaine de pas de plus sans tomber de faiblesse. « Entrons sous ce berceau, dit M. Duverneuil à sa femme, nous y donnerons à déjeûner aux enfans, et leur

ferons boire à chacun un verre de vin. »
J'avouerai que ce ne fut pas sans plaisir
que je profitai d'un repos qui m'était
devenu si nécessaire, après les courses
que j'avais faites si inutilement dans le
bois, et que je reçus ma part du pâté. Madame Duverneuil, quoiqu'âgée seulement de trente-cinq à trente-six ans,
et d'une santé assez vigoureuse, après
la défaillance qu'elle avait éprouvée à
la porte de la Muette, et surtout après
l'inquiétude que lui avait causée l'absence de ses enfans, ne laissait pas de
se trouver dans une situation qui exigeait qu'elle se reposât pendant une
heure au moins. M. Duverneuil, qui
de son côté ne demandait pas mieux
que de s'entretenir avec moi au sujet du
Mont-Valérien, tira sa montre, et dit :
« Il n'est que huit heures et demie,
quoique nous nous soyons arrêtés trois

fois, depuis notre départ. Dans une heure, nous partirons; et nous serons arrivés à temps au Calvaire, pour assister à la grand'messe. »

Après avoir ainsi parlé, M. Duverneuil fit apporter un bouillon à sa femme, une bouteille de vin, et se mit à ouvrir le pâté, dont chacun de nous, excepté madame Duverneuil, mangea un morceau, plus ou moins gros, avec beaucoup d'appétit. Les enfans apaisèrent en même temps leur soif avec une carafe d'eau, que leur père avait rougie d'un verre de vin.

Ce repas achevé, M. Duverneuil dit à ses enfans de prêter attention à l'entretien qu'il voulait avoir avec moi, avant notre départ. « Je ne suis, me dit-il, qu'un militaire assez peu instruit dans les choses qui ne sont ni de mon ancienne profession, ni de celle que j'exerce actuellement. Apprenez-moi donc, je vous prie, ce que vous savez au sujet de la sainte montagne que nous allons visiter. — J'ai bien lu, lui répondis-je, quelques détails à ce sujet, mais je crains fort de ne pas satisfaire votre curiosité. Excusez-moi si je ne vous dis que ce que j'en sais. » Je commençai donc ainsi :

« Le nom de *Valérien*, donné à ce mont, n'a point d'origine certaine, Assurément, ce n'est point celui de cet empereur romain qui fut fait prisonnier en combattant contre les Perses, et périt chez eux de la manière la plus tragique. On a cru qu'un solitaire nommé Valère ou Valérien, renommé par la sainteté de sa vie, lui a laissé le sien. Mais que nous importe l'origine de ce nom ?

« Tous les auteurs qui ont parlé de

cette montagne, conviennent qu'on ne saurait fixer l'époque où elle fut consacrée à la solitude. Suivant une tradition, elle a été sanctifiée par sainte Geneviève qui, dit-on, s'y retirait souvent pour prier. Le célèbre Gerson, chancelier de l'Université de Paris, à qui l'on attribue le livre de l'*Imitation de Jésus-Christ*, et qui fut l'âme du concile de Constance, adressa une de ses lettres à un reclus qui vivait sur cette montagne dans une grande piété. Mais on prétend que ce solitaire n'en était pas le seul habitant; on croit même, avec beaucoup de raison, que les autres solitaires qui y demeuraient prenaient soin d'une ancienne chapelle de Notre-Dame-de-Bonne-Nouvelle, dont il est parlé dans les *Antiquités de Paris*, et qui, par l'éminence de leurs vertus chrétiennes, y entretenaient la piété des fidèles. En 1556, une sainte fille, nommée Guillemette Faussart, s'y enferma pour y vivre comme recluse. C'est elle qui fit bâtir la chapelle de Saint-Sauveur, qui existait encore au moment où éclata la révolution de 1789, et qui, dès ce temps-là, fut destinée à l'usage de plusieurs solitaires. On y lisait l'épitaphe de cette sainte fille.

Dès les premières années du dix-septième siècle, il y avait sur cette même montagne un reclus, après la mort duquel, Jean du Houssay s'enferma dans sa cellule, et y vécut quarante-huit ans. Un autre ermite, nommé Pierre de Bourbon, natif de Blois, après avoir résidé plus de vingt-un ans aux environs de cette même cellule, la trouvant vacante par la mort de du Houssay, s'y enferma, et y resta jusqu'à sa mort, arrivée en 1639, après une étroite réclusion de cinquante-un ans et deux mois. L'année précédente, Jean le Comte, natif du Mans, était décédé sur cette montagne, après un séjour de quarante ans. Il n'est parlé dans l'histoire de ce temps-là que de ces trois ermites, parce qu'ils menèrent une vie presque aussi austère que celle des anciens anachorètes; mais il n'est pas douteux qu'il y en a eu beaucoup d'autres. Dans la suite, et avant le milieu du dix-septième siècle, le nombre des ermites s'était augmenté, et dès le commencement du dix-huitième, ce nombre s'étant encore accru, les ermites formèrent communauté; ce qui a continué depuis, au point que vers 1789, elle n'était pas composée de moins de quarante solitaires, toujours appelés ermites. Ils avaient tous le même supérieur, qui devait examiner leur vocation à la vie érémitique, les recevait ensuite au nombre des frères, leur en donnait l'habit, veillait sur toutes leurs actions, et sans la permission duquel ils ne pouvaient rien entreprendre d'extraordinaire.

« Ces saints personnages suivaient la règle qu'ils avaient reçue de M. Hébert, pénitencier de l'Église de Paris, et qui depuis fut archevêque de Bourges. M. Charton, qui lui succéda dans ses fonctions de pénitencier, approuva et confirma cette règle en 1624. »

Pendant que je parlais, plus de quinze personnes étaient entrées sous le berceau pour se rafraîchir. Hommes, femmes et enfans, attirés par quelques phrases de mon discours, s'approchèrent de la place que nous occupions, afin de m'entendre plus aisément, et de ne rien perdre de mes paroles.

« La règle donnée à ces ermites, continuai-je, renfermait un si grand nombre de préceptes touchant le service divin, la conversation, la manière de se conduire envers les séculiers et les étrangers, le vêtement, le travail, et les différens exercices du corps, qu'il y avait peu de communautés régulières dont cette maison ne pût égaler la discipline, en suivant cette règle à la lettre. Dans la suite, on y fit quelques changemens et quelques additions ; mais la vie des ermites fut toujours très-pénitente. Ils ne vivaient que de légumes, travaillaient de leurs propres mains à la terre, ou à fabriquer des bas au métier. Leur robe était d'un drap blanchâtre, rude et grossier ; ils gardaient un silence perpétuel, et priaient souvent. Chacun avait sa cellule ; mais ils s'assemblaient dans une chapelle pour entendre la sainte messe, et réciter l'office divin aux heures prescrites. Au commencement, ils étaient tous laïcs, et au nombre de dix à douze, sous la dépendance de l'archevêque de Paris, qui leur nommait un supérieur ecclésiastique. Ils ne faisaient aucun vœu, et avaient la liberté de se retirer. Dans la suite, leur nombre s'accrut; et ils reçurent parmi eux des personnes qui, pour rentrer dans les voies de la piété, venaient passer huit ou quinze jours dans leur solitude, et s'édifier par leurs exemples.

« Vers l'an 1630, M. Hubert Charpentier, prêtre et licencié en théologie de la maison de Sorbonne, résolut d'établir, sur la même montagne, la dévotion envers Jésus crucifié. Dans cette vue, il essaya d'y établir une communauté d'ecclésiastiques auprès de la maison des ermites. L'archevêque de Paris, qu'il consulta, lui donna son approbation, et par un acte spécial, du 12 septembre 1734, il lui permit de faire construire une chapelle sur le Mont-Valérien, d'en être le supérieur, de s'associer treize prêtres au plus, qui seraient approuvés par lui ou par ses grands-vicaires, pour y célébrer le saint sacrifice. M. Charpentier et les autres prêtres ses associés, ainsi que leurs successeurs, devaient vivre et demeurer invariablement sous la juridiction du même prélat, et des archevêques qui lui succéderaient. Il fut en même temps prescrit aux prêtres de cette communauté de se présenter à l'archevêque avant d'y être admis, et après la mort de M. Charpentier, ou s'il donnait sa démission, de nommer et de lui présenter, ou à ses grands vicaires, dans le délai d'un mois, un nouveau supérieur, pour qu'il reçût la confirmation de son élection.

« Conséquemment à cet acte, on rédigea, pour cette nouvelle communauté, des réglemens et des statuts qui furent approuvés par l'archevêque au mois de septembre 1638. M. Charpentier n'oublia pas de se munir de lettres-patentes. Louis XIII, à qui sa piété et son zèle pour la religion catholique étaient connus, les lui accorda sans nulle difficulté, et le parlement s'empressa de les enregistrer.

« Vers ce même temps, les associés de M. Charpentier, qui furent d'abord Thomas Guillier, docteur en théologie, Pierre de Ségur, André Baillus, et Guillaume Marcadé, acquirent du cardinal de La Rochefoucauld, et des religieux de Sainte-Geneviève, huit arpens et demi de terre sur le Mont-Valérien.

« En 1642, les ermites s'étant plaints que les prêtres se fussent emparés d'une pièce de terre de deux cents toises de longueur, qui leur appartenait, et qu'ils en eussent abattu la clôture pour y élever un bâtiment, il fut stipulé entre les contendans, que les ermites céderaient aux prêtres cette pièce de terre, et que ceux-ci leur donneraient un autre terrain de cinquante toises de long sur vingt de large. La communauté des prêtres fit ensuite d'autres acquisitions. »

## CHAPITRE VI.

*Continuation du précis historique.—Siége de l'établissement du Mont-Valérien par les Dominicains de la rue Saint-Honoré. — Présent d'un morceau de la Vraie Croix, fait par le curé de Saint-Sulpice aux prêtres du Calvaire.*

Je craignais que ces détails, qui intéressaient beaucoup M. et madame Duverneuil, ne fussent pas du goût des enfans, malgré l'attention avec laquelle ils paraissaient les écouter. « Allez, leur dis-je, vous divertir un peu sur la pelouse, en attendant que nous partions; votre papa et votre maman vous le permettent. — Oh! non, monsieur, répondirent-ils tous ensemble; nous aimons à entendre une histoire, comme celle de la montagne que nous voyons; » et ils restèrent à leur place.

« M. Charpentier, continuai-je, éprouva une grande consolation, en voyant les abondantes bénédictions que Dieu répandait sur ses travaux, et des marques éclatantes qu'il y donnait de sa puissance et de sa miséricorde. Ce saint homme avait établi un calvaire à Bétharam, dans le Béarn. M. de Marca, qui était alors président au parlement de Navarre, et qui, dans la suite, devint successivement archevêque de Toulouse et de Paris, nous a laissé un livre où il rend compte des merveilles

5*

que Dieu avait opérées dans la chapelle du calvaire de Bétharam. Louis XIV, informé de ces merveilles, dont il avait ordonné l'examen, témoigna le désir de voir un établissement semblable sur le Mont-Valérien, et donna à M. Charpentier plein pouvoir de le former, par des lettres-patentes, qu'il lui fit délivrer en 1650. Ce fut alors que les prêtres du Mont-Valérien prirent le nom de *Prêtres du Calvaire.*

M. Charpentier, infatigable pour tout ce qui concernait le culte de la Sainte-Croix, établit un troisième calvaire, à Notre-Dame-de-Garaison, vers l'extrémité du diocèse d'Auch, du côté des Pyrénées. Ce fut aussi un fameux pélerinage, dont la chapelle était desservie par plusieurs ecclésiastiques qui vivaient aussi sous une règle commune.

« Enfin la mort enleva, sans le surprendre, le vénérable Charpentier, dans la maison de M. Loisel, curé de Saint-Jean, en Grève, le 10 décembre 1650. Il était natif de Coulommiers, et âgé de quatre-vingt-cinq ans. Son cœur fut porté à Bétharam, et son corps inhumé au milieu de la nef. Avant la révolution, j'ai lu sur sa tombe une longue épitaphe latine, destinée à perpétuer le souvenir de ses vertus et de ses pieux établissemens.

Le successeur de ce prêtre vénérable fut un prêtre allemand, né à Strasbourg, nommé Royer, dont la société devint funeste à la congrégation. Il commença l'exercice de son autorité par éloigner ceux dont la fermeté lui déplaisait; et l'un d'eux se vit obligé de chercher, pour se soustraire à ses emportemens, un asile chez les ermites. Ce Royer trouva moyen de se défaire de M. Marcadé, sous le prétexte spécieux de l'envoyer porter le cœur de M. Charpentier à Bétharam, en Béarn. Ce respectable ecclésiastique ne fût pas plutôt arrivé dans ce lieu, qu'il y reçut une lettre par laquelle Royer lui signifiait qu'il pouvait se dispenser de revenir au Mont-Valérien.

Cet homme, si peu digne de succéder à M. Charpentier, devenu comme le maître et le despote de sa communauté, alla offrir l'établissement à plusieurs autres communautés de la capitale; mais il n'y eut que celle des Dominicains réformés de la rue Saint-Honoré, qui acceptât ses offres et traitât avec lui, en 1661. Ces religieux, munis d'un ordre du roi, confirmatif du traité, et de plus, enhardis par une ordonnance du cardinal de Retz, archevêque de Paris, donnée à Liége, hors du royaume, le 14 février, 1662, allèrent en nombre mettre le siége devant le bâtiment des prêtres, qui, encouragés par la révocation de l'ordonnance du roi, s'étaient mis en état de défense. Ces actes d'hostilité ne furent pas de longue durée. Les prêtres cédèrent, et les moines les chassèrent. Ce triomphe fut court. Une nouvelle ordonnance de Louis XIV força les dominicains à renoncer à leur conquête, et tout fut restitué tant aux prêtres qu'aux ermites. — C'est un événement bien scandaleux, interrompit M. Duverneuil, et j'ai peine à y croire. — Rien n'est plus certain, repris-je ; si jamais l'*Histoire de Paris* s'offre à vous, vous y trouverez ce fait, rapporté plus au long dans le factum, composé par Alexandre Varet. Comme il s'est trouvé dans tous les temps des poëtes disposés à saisir toutes les occasions d'exercer leur verve, il existe aussi une pièce de vers intitulée : *Le Calvaire profané, ou le Mont-Valérien usurpé par les jacobins réformés de la rue Saint-Honoré, et adressée à eux-mêmes, par Jean Duval*, en 1664.

En 1706, M. de la Chétardie, curé de la paroisse Saint-Sulpice, fit présent à la congrégation d'un morceau de la vraie croix, qui lui avait été laissé par M. Jaunon, ancien obéancier de l'église collégiale et paroissiale de Saint-Just, à Lyon, mort à Paris dans la rue Cassette. Cet ecclésiastique avait reçu cette précieuse relique, en 1685, des religieux bénédictins de Saint-Germain-des-Prés. Le 1er juillet 1706, le docteur Edme Pirot, vicaire-général du cardinal de Noailles, archevêque de Paris, dressa le procès-verbal de la relique et du reliquaire. Ensuite, à la prière du curé de Saint-Sulpice, et des prêtres de la congrégation du Mont-Valérien, le cardinal permit que cette relique fût transférée au Calvaire. Ce qui paraît avoir été exécuté dans le même temps, ainsi qu'on en peut juger par la lettre de remercîment, que les congréganistes écrivirent au curé, le troisième jour du mois d'août.

Comme je m'étais muni, afin de passer agréablement le temps que je devais employer à mon pélerinage, depuis la porte de la Muette jusqu'au bas du Mont-Valérien, d'un certain nombre de papiers, relatifs à l'histoire de ce Calvaire, j'y trouvai heureusement la lettre de ces prêtres au respectable curé de Saint-Sulpice :

« Monsieur,

« Monsieur le supérieur ayant fait part à la communauté de la bonté avec laquelle vous voulez bien accorder à l'église du Mont-Valérien une petite portion de la Vraie Croix, il a été délibéré que la congrégation vous en ferait de très-humbles actions de grâces, en attendant qu'elle insère dans ses registres, le jour auquel elle a reçu de vous un don si précieux. C'est pour m'acquitter de ce devoir, en qualité de secrétaire, que je me donne l'honneur de vous écrire, pour vous témoigner combien la congrégation vous est sensiblement obligée, et avec quelle ardeur elle répondra au zèle que la religion vous inspire pour faire honorer la Croix de Jésus-Christ dans un lieu consacré à ce

« mystère, et où l'on peut dire qu'elle
« sera exposée aux yeux de tous les
« peuples de ce grand diocèse. Ce n'est
« pas seulement notre maison qui vous
« sera éternellement redevable. Par-
« faitement instruit de ce que votre
« vertu sait faire, je puis dire avec
« vérité que l'Église vous a de grandes
« obligations, ayant répandu avec abon-
« dance, pendant tant d'années et dans
« tant de séminaires du royaume, l'es-
« prit ecclésiastique par la sainteté de
« vos exemples, par la pureté de votre
« doctrine et par les saints écrits sortis
« de vos mains. On n'oubliera jamais,
« monsieur, l'exemple de modestie
« que vous venez de donner, en vous
« réservant les soins et les travaux du
« ministère, et en refusant généreuse-
« ment ce qu'il a de plus éclatant et de
« plus brillant aux yeux des hommes ;

« exemple d'autant plus grand, qu'il
« est plus rare. Je laisse là, pour ne
« pas affliger votre humilité, toutes les
« autres qualités et talens qui vous at-
« tirent l'estime, le respect et la vé-
« nération de tout le monde. Je finis,
« monsieur, en vous marquant que le
« saint présent que vous faites à notre
« maison, vous, qui êtes le chef du
« clergé de Saint-Sulpice, ne servira
« qu'à renouveler l'union qui a tou-
« jours été entre Saint-Sulpice et nous.
« Nous la cultiverons avec soin et avec
« reconnaissance, puisque, dans les
« commencemens de notre établisse-
« ment, M. de Bretonvilliers, supé-
« rieur du séminaire, eut la bonté de
« nous donner deux ecclésiastiques
« de mérite et de vertu pour nous ai-
« der. Nous en gardons le souvenir
« dans nos registres, et nous y ajou-

« terons celui de la grâce que vous
« faites à une congrégation qui fait
« profession de vous honorer.

« *Signé* Hubert, secrétaire. »

Le curé de Saint-Sulpice fit à cette lettre la réponse que voici :

« Monsieur,

« J'ai reçu, avec une parfaite recon-
« naissance, la lettre dont vous m'avez
« honoré de la part de votre compa-
« gnie, autant illustre que pieuse, re-
« lativement à la relique dont on vous
« a parlé. Le désir, monsieur, que vous
« témoignez tous de l'avoir dans cette
« célèbre église, que vous desservez
« avec tant d'édification, découvre
« bien le fond de religion qui vous
« anime, et qu'on ne saurait la confier

« à personne qui en établisse le culte
« avec un zèle plus pur. Je m'es-
« time heureux, monsieur, de pouvoir
« concourir avec vous à la faire honorer
« en public. Cette union sera un puis-
« sant secours à ma faiblesse, persuadé
« que je trouverai, dans vos exem-
« ples et dans vos prières, une dévo-
« tion nouvelle qui languissait dans
« mon cœur, lorsque je la révérais en
« particulier. Son Éminence, monsei-
« gneur le cardinal, notre très-digne
« prélat, entre les mains duquel je la
« remettrai, en fera l'usage qu'il jugera
« à propos. Vous ne pouvez la recevoir
« d'une meilleure main. Il y a long-
« temps qu'il est crucifié avec Jésus-
« Christ, et que sa vie sainte et irré-
« préhensible prêche à tout le monde
« l'obligation que nous avons tous de
« porter notre croix à son imitation, et

« d'en demander la grâce à celui qu'il
« va honorer tous les ans dans votre
« église. Je prends part à ce grand
« exemple qui augmente l'estime et le
« respect avec lequel je suis à vous,
« monsieur, et à toute votre compa-
« gnie, à qui je vous prie de le témoi-
« gner.

« *Signé* LA CHÉTARDIE, curé de
« Saint-Sulpice. »

Ces deux lettres, dis-je après en avoir achevé la lecture, nous apprennent quelle considération les prêtres du Mont-Valérien s'étaient attirée par leur piété parmi les membres les plus distingués du clergé de la capitale. Cette piété ne se bornait pas à l'enceinte de l'établissement; plusieurs d'entre ces solitaires, animés d'un zèle tout apostolique, descendaient de la sainte montagne, pour aller prêcher, aux habitans des campagnes, l'Évangile de la croix, objet spécial de leurs adorations. J'ai encore appris, qu'au milieu des disputes qui affligèrent l'Église pendant une grande partie des dix-septième et dix-huitième siècles, ces respectables ecclésiastiques se tinrent étroitement unis à ce clergé de Saint-Sulpice, si célèbre par son respect pour les décisions du chef suprême de l'Église, et dont la maxime a été toujours celle de Vincent de Lérins : *Nil innovetur nisi quod traditum est,* c'est-à-dire, *point d'autre nouveauté que ce que nous avons appris de la tradition.*

## CHAPITRE VII.

*Départ. — Suites du précis historique. — Destruction du Calvaire. — L'enfant qui porte les clous qui doivent servir au crucifiement. — Description du Mont-Valérien. — Restauration du Calvaire.*

Je dois rendre justice à l'aimable famille à laquelle je m'étais réuni, qu'elle m'avait écouté avec l'attention la plus soutenue; et que, si j'eusse voulu continuer, elle eût peut-être oublié que l'heure de notre repos s'était écoulée depuis plusieurs minutes. « Il est temps de nous remettre en marche, dis-je à M. Duverneuil. Nous n'arriverons pas au sommet du mont avant trois quarts d'heure. Comme il nous reste à traverser une chaussée assez longue pour nous rendre sur les bords de la rivière, où nous nous embarquerons pour nous rendre à la rive opposée, je profiterai de ce temps, et de celui que nous passerons dans notre embarcation, pour ce que j'ai encore à vous dire au sujet du Mont-Valérien. »

'En sortant du berceau, madame Duverneuil prit sa fille par la main, et les deux garçons se placèrent l'un à ma droite, et l'autre à la gauche de son père. Quand nous eûmes fait quelques pas sur la chaussée, en causant de ce que je venais de dire au sujet du Mont-Valérien, je continuai ainsi : « Le nombre des prêtres de la congrégation du

Mont-Valérien a varié selon les temps; mais outre ceux qu'on appelait les *incorporés*, qui étaient les titulaires de la maison, et qui avaient voix délibérative, en vertu des lettres de l'archevêque de Paris, il y en avait un plus grand nombre qu'on nommait les *agrégés*. Ceux-ci étaient reçus par les *incorporés* et par les autres *agrégés* qui avaient voix active dans les délibérations, particulièrement pour l'élection d'un supérieur.

« En frappant de sa terrible coignée toutes les communautés religieuses, la révolution n'épargna pas celle des prêtres du Mont-Valérien, ni même celle des ermites, quoiqu'ils n'eussent rien qui pût tenter la cupidité du gouvernement de cette malheureuse époque. Alors ces serviteurs de Dieu prirent la fuite, et se dispersèrent de tous côtés.

Et le calvaire, que devint-il alors? me demanda Édouard. — Mon ami, les chapelles où étaient représentés les principaux mystères de la passion du Sauveur, et devant lesquelles les fidèles faisaient leurs stations, furent démolies, les croix abattues, et l'église dévastée.

« Avant cette désolation, on voyait dans une des chapelles, consacrées aux stations, une peinture à fresque, qui représentait Jésus portant sa croix, et près de lui, un petit garçon, tenant à sa main les clous qui devaient servir au crucifiement. Suivant une tradition populaire, cet enfant, dont la tête était couverte d'un bonnet rouge, ressemblait parfaitement à celui qui avait coutume de porter à manger au peintre. Cet artiste, soit par malice, soit par distraction, soit enfin par un autre motif, peignit ce petit garçon, trait pour trait, et avec son costume, dans l'exécrable cortége des bourreaux du Sauveur. Lorsque la peinture fut achevée, ce pauvre petit ayant été reconnu, devint l'objet de tant d'avanies de la part des enfans du village de Suresne, qu'un beau jour il disparut, sans qu'on ait jamais su ce qu'il était devenu. Je ne vous garantis point la vérité de ce fait; mais quoi qu'il en ait été, je ne puis m'empêcher de blâmer ici la coutume de certains peintres de représenter dans leurs tableaux les traits de personnes qu'ils connaissent, surtout quand les sujets de ces tableaux peuvent leur attirer le mépris et la haine des spectateurs. C'est une sorte de diffamation qui doit être sévèrement punie. — Je pense bien comme vous, dit M. Duverneuil.

« Nous voyons ici le Mont-Valérien dans toute son étendue et sa hauteur, ajouta-t-il; je vous avoue qu'il est bien peu de chose en comparaison des montagnes de la Suisse et de la Savoie. Du haut du mont Blanc, il se dessinerait au niveau des plaines. Mais puisque nous allons y monter, et qu'il n'est pas moins célèbre que les montagnes les plus hautes de la France, je désirerais bien en connaître la situation et les dimensions. Vous, monsieur, qui me paraissez être versé dans la géographie, voudriez-vous bien nous donner quelques détails à ce sujet. — Je le veux bien, lui dis-je, quoique vous deviez être aussi en état que moi de dire la position de cette montagne, après que nous serons parvenus au sommet.

« Le Mont-Valérien est situé au sud-ouest ou est-sud, à deux lieues de la capitale, et à deux lieues et demie en montant à son sommet, et sur la rive gauche de la Seine. C'est la sommité d'un plateau, qui, de chaque côté, s'abaisse en un plan doucement incliné, et couvert de vignobles. On lui donne un peu plus de quatre cents pieds d'élévation perpendiculaire au-dessus de la rivière, sous le pont de la Tournelle. Il est borné au nord, au nord-est et au nord-ouest par la Seine, qui, dans ses environs, semble manifester, par ses nombreux détours, le regret qu'elle éprouve de s'être éloignée de ces superbes quais de la capitale, dans lesquels on a encaissé successivement ses eaux pour en arrêter le débordement. A l'occident, il s'abaisse doucement vers le bourg célèbre où la modeste Geneviève faisait paître son troupeau, et vers celui, de Ruel, où le cardinal de Richelieu étonnait la France et l'Europe par la force de son génie. Au nord, ce mont regarde les environs de Saint-Denis et les collines bleuâtres au-dessus desquelles l'œil se plaît à parcourir une immense étendue de vignobles, ainsi que les gros villages qui les séparent les uns des autres. Au sud-est, les regards se promènent délicieusement sur un vaste rideau de vignes, et sur le parc de Saint-Cloud, ancienne et royale demeure d'un prince du sang de nos rois de la première race, dont il porte le nom.

Le Mont-Valérien, ainsi qu'il se présente à nos regards, ne ressemble point à ces montagnes dont la base seule se prête à la culture, et dont tout le reste est frappé de stérilité. Dans tout son vaste contour, et jusqu'auprès de son sommet, il est tapissé de vignobles, qui, dans le printemps, l'été, et une partie de l'automne, offrent de loin la perspective d'une agréable verdure. La main de l'homme n'en a point ouvert les entrailles, pour en extraire les matériaux nécessaires à la construction des édifices. Dans ces derniers temps, ses flancs n'ont point été façonnés en remparts ; les troupes étrangères et leur artillerie en ont respecté les approches ; et si la croix du Sauveur fut abattue sur sa cime, les bras de l'ennemi ne furent point coupables de cette profanation. »

« — Ah ! mon Dieu ! s'écria madame Duverneuil, est-ce que la Sainte-Croix a été outragée encore une fois ? vous nous avez dit que le Calvaire fut détruit au commencement de la révolution ; il a donc été rétabli, pour être encore détruit? — Oui madame, répondis-je. Lorsque les trois croix eurent été renversées, et que les ermites, ainsi que les prêtres, eurent été chassés, le Calvaire devint une propriété nationale, qui fut achetée par un membre de la convention, nommé Merlin (de Thionville). Cet homme changea ce lieu de pénitence en une retraite consacrée au plaisir. Depuis 1791 jusqu'au commencement de ce siècle, le Calvaire fut presqu'entièrement oublié, et ses environs n'offrirent plus que l'image d'une attristante solitude. Enfin, la religion reprit ses droits; la piété put lever ses yeux humides de larmes, vers le sommet du Mont-Valérien, et y contempler avec une sainte joie le signe auguste de notre rédemption. Environ dix années s'écoulèrent, pendant lesquelles, aux mois de mai et de septembre, le Calvaire fut visité par des pélerins, d'autant plus nombreux, que le temps de sa désolation avait été plus long.

« Les fidèles adorateurs de la Croix avaient lieu d'espérer que son culte reprendrait sur la montagne son ancien éclat, lorsque le conquérant, qui s'était assis sur le trône des Bourbons, ordonna que tout ce qui avait été élevé fût abattu, et qu'un vaste bâtiment fût élevé sur les ruines de l'ancien, pour servir de caserne aux soldats de sa garde. Vous voyez cet édifice à plusieurs étages. Il a changé heureusement de destination; le Mont-Valérien est redevenu l'image du Calvaire de Jérusalem, et l'on peut dire qu'il a eu sa restauration en même temps que la France a vu celle des Bourbons. »

## CHAPITRE VIII.

*Suresne. — La rosière. — Le ravin. Les pauvres. — Les étalages d'objets de piété.*

Cependant nous étions arrivés sur le bord de la Seine; nous entrâmes dans un batelet, où cinq à six personnes qui nous suivaient, vinrent nous rejoindre. C'était la première fois que madame Duverneuil allait naviguer sur l'élément liquide. Comme la rivière était encore grosse, ce ne fut pas sans un vif sentiment de terreur, qu'elle s'embarqua, quoique son mari la soutînt à l'entrée du bateau. Nous avons démarré; le courant nous entraîne bientôt loin de l'endroit où nous devons aborder; les efforts du batelier parviennent cependant à remonter contre le fil de l'eau ; nous voilà sur le port qui conduit à Suresne, et nous entrons dans un chemin étroit qui conduit à ce fameux village, dont les vignobles ont, depuis long-temps, établi la réputation parmi le peuple.

Je profitai de notre arrivée dans ce lieu pour entretenir mes compagnons de voyage du couronnement annuel de la rosière : « Qu'est-ce donc que la rosière ? me demanda la jeune Geneviève. — C'est, lui répondis-je, un honneur qu'on rend à la vertu, une fois chaque année, au mois d'août, à une jeune personne du village, qui, par la pureté de ses mœurs, et son exactitude à remplir tous ses devoirs de religion, a mérité d'être distinguée parmi toutes les jeunes personnes de son âge, et proclamée publiquement comme la plus vertueuse, pour l'exemple de toutes les autres. Le jour de la fête de la Vierge, en présence d'une nombreuse assemblée, dans l'église paroissiale, en présence du pasteur, une dame non moins recommandable par ses belles qualités, que par sa naissance ou par ses titres, lui place sur la tête une couronne de roses. Vous ne sauriez vous imaginer, ajoutai-je, en me tournant vers M. et madame Duverneuil, dans quelle estime cette belle cérémonie a mis la pudeur et la piété dans le village de Suresne. Si nous nous y arrêtions quelques heures, il vous serait aisé de remarquer sur la figure de la plupart des femmes et des jeunes filles, cet air sérieux et grave qui est comme la sauvegarde des bonnes mœurs dans ce sexe. »

L'appétit des enfans et le rude chemin que nous avions encore à faire, avant d'arriver au sommet du Mont-Valérien, donnèrent à M. Duverneuil la pensée d'entrer dans la maison d'un traiteur. Nous montâmes dans une chambre haute, où nous achevâmes les restes du pâté. De la croisée qui donnait sur le chemin qui conduit à Puteau, nous vîmes arriver successivement un nombre considérable de voitures remplies de voyageurs. Je demandai à notre hôte la cause de cette affluence. « C'est, nous dit-il, que le roi et sa royale famille viennent aujourd'hui faire leurs stations au Calvaire. Ah! messieurs, en voyant avec quelle tendre piété sa majesté, le dauphin, son fils, et l'auguste fille de Louis XVI visitent les chapelles et assistent à l'office divin, vous serez frappés d'admiration. Il est beau de voir de si grands personnages s'humilier devant la croix de Notre-Seigneur. Ce spectacle attendrit tous les cœurs, et tous ceux qui en sont témoins, éprouvent le besoin d'imiter de tels exemples, et de rentrer dans les voies de Dieu, s'ils s'en sont éloignés, ou d'y persévérer s'ils ont le bonheur de s'y trouver engagés. »

Ce discours d'un homme du peuple, et d'une profession qui affaiblit plus souvent les principes religieux qu'elle ne les fortifie, nous surprit; et nous témoignâmes à ce pieux hôte toute notre satisfaction pour ses bons sentimens envers le monarque et sa famille.

Nous prîmes congé de lui, en lui promettant que, lorsque nous reviendrions au Calvaire, nous n'oublierions pas de prendre chez lui un rafraîchissement.

Nous entrons dans le chemin étroit, tortueux et raboteux qui conduit au sommet du mont. Tout ce que nous y vîmes fit sur M. Duverneuil et sa famille une impression telle, qu'ils ne purent s'empêcher de répandre des larmes, et de garder un profond silence, que les enfans n'interrompaient que pour adresser à leurs parens des questions qui annonçaient combien ils étaient vivement émus.

Le chemin dont je parle est un ravin profondément sillonné par des voitures de paysans ; sa longueur est d'environ un quart de lieue jusqu'à l'endroit où on le quitte pour entrer au Calvaire. Comme les ornières sont assez larges, la foule qui monte à cette sainte montagne est obligée de se séparer en deux files, dont l'une marche à droite, et l'autre à gauche. Un grand nombre de pauvres, ou estropiés, ou aveugles, de vieillards infirmes, sollicitent la charité des passans, en récitant des prières, ou en chantant des cantiques analogues à l'objet de la solennité. « Il est bien remarquable, dis-je à mes compagnons de voyage, que dans les fêtes profanes, les pauvres se gardent bien de border les avenues par lesquelles on y voit accourir la multitude. Les malheureux, qu'ont-ils à espérer de ceux qui ne sont guidés que par le plaisir, et qui détournent leurs regards de tout objet qui peut les attrister? C'est dans les endroits où la religion de la Croix appelle les personnes auxquelles elle est chère, c'est sur le chemin de la Croix, qu'ils aiment à se rassembler, parce qu'ils n'ignorent point que le principal effet du christianisme est de rendre le cœur de l'homme sensible à la misère et aux souffrances de ses semblables; parce qu'ils savent bien que leur véritable place est près de celle où un Dieu pauvre consomma son sacrifice. »

Dès l'entrée du ravin, M. Duverneuil avait donné à chacun de ses enfans vingt gros sous en leur recommandant de n'en point donner deux au même pauvre, de manière que soixante de ces infortunés eussent une part égale dans leur distribution. Geneviève devait faire l'aumône aux femmes, et les deux garçons aux hommes. « Vous avez fort bien fait, dis-je à M. Duverneuil, de charger vos enfans de faire l'aumône à ces pauvres. C'est ainsi que vous les accoutumerez à compatir aux misères de leurs semblables, moins par le seul motif de la compassion que par ce sentiment tout divin qui a le nom de charité. » Édouard, Auguste et Geneviève s'acquittèrent parfaitement de leur fonction d'aumôniers. A chaque pauvre qu'ils rencontraient, ils s'approchaient de lui avec autant de respect que de sensibilité, et après lui avoir offert une pièce de monnaie, ils le saluaient et faisaient éclater une pieuse joie sur leur visage. Geneviève avait déjà épuisé sa bourse, que ses deux frères avaient encore les deux tiers de leur part. « Ma fille, pourquoi ne donnes-tu plus aux pauvres, lui demande madame Duverneuil? — Maman, tu as vu ces deux femmes qui avaient l'une deux petits enfans à côté d'elle, et l'autre trois. Je n'ai pu m'empêcher de leur donner à chacun quatre gros sous. — Tu as bien fait, ma fille, je te pardonne bien volontiers ta désobéissance. Tiens, voilà pour remplacer ce que tu as donné à ces deux pauvres femmes. » En parlant ainsi, elle mit dans la main de Geneviève la monnaie d'une pièce de dix sous.

Les pauvres qui bordaient les deux côtés du chemin ne furent pas le seul spectacle que nous eûmes devant les yeux. Dans le nombre des personnes qui montaient au Calvaire, nous vîmes une jeune dame s'y acheminer, les pieds nus et un livre de prière à la main. Un voile vert descendait sur son visage; et, malgré la simplicité de son habillement, il était aisé de juger qu'elle était d'une des classes les plus distinguées de la société. Derrière elle marchait un laquais, portant un sac rempli de pièces de monnaie, qu'il distribuait à tous les pauvres sur son passage.

Nous vîmes encore un ecclésiastique, âgé d'environ trente ans, marchant aussi nu-pieds, à pas lents, et récitant son bréviaire. Ce ravin était vraiment pour ces deux personnes une voie douloureuse, semblable à celle que parcourut le Sauveur en portant sa croix. Si le terrain n'était pas rocailleux, il était encore assez humide de la pluie, qui était tombée deux jours auparavant; conséquemment, les deux pénitens, la jeune dame principalement, devaient éprouver un froid cuisant à la plante des pieds, et s'exposaient à souffrir, leur pélerinage achevé, les plus graves incommodités.

Lorsque nous fûmes arrivés à l'extrémité du chemin, nous nous arrêtâmes devant l'étalage de plusieurs marchands d'objets religieux, tels que des petites croix, des agnus, des chapelets et des bouquets de fleurs artificielles, dans lesquels on avait placé l'image de différens saints. Les enfans voulurent visiter toutes les boutiques ambulantes, et pressèrent, avec les plus vives instances, leur bon papa et leur bonne maman de leur acheter l'un un crucifix, l'autre un agnus, et Geneviève un bouquet, pour le placer sur sa poitrine, comme une preuve visible de son voyage au Calvaire. Elle n'avait pas d'abord aperçu au milieu des feuilles et des fleurs de ce bouquet l'image en cire de sa patronne ; mais lorsqu'elle l'eût bien considéré, nulle expression ne peut rendre la joie qu'elle éprouva en y voyant un objet si précieux pour elle. Madame Duverneuil acheta aussi pour elle-même un petit christ qu'elle mit dans son *ridicule,* en disant : « Ce saint objet me portera bonheur, et si je meurs subitement, dans un lieu où je ne serais pas connue, on dira, en le voyant, cette dame était une bonne catholique. » M. Duverneuil, de son côté, fit acquisition d'un saint Antoine en cire, parce que ce saint était son patron.

La piété de cette famille était pour moi d'une grande édification, et je me félicitais intérieurement, comme d'un bienfait de la Providence à mon égard, de l'avoir rencontrée et de m'être joint à elle dans le bois de Boulogne. « Il est donc encore, me disais-je à moi-même, de bons chrétiens, au milieu de la corruption générale que nous a léguée cette révolution, à laquelle tant de gens trompés ou trompeurs attribuent de si bons effets ! »

## CHAPITRE IX.

*La première terrasse. — La maison du concierge. — La statue de la Vierge. — L'escalier. — Le cimetière.*

Après ces emplètes faites, nous entrâmes dans l'enceinte proprement dite du Calvaire, que ferme une grille de fer, dont la porte est ouverte pendant les neuvaines, depuis la pointe du jour, jusqu'à l'entrée de la nuit. On s'arrête d'abord sur une terrasse circulaire, d'où l'on découvre un horizon immense, à l'ouest, au nord, au levant et au sud, qui n'est borné que par un long rideau de collines cultivées et semées de villages, lesquelles s'étendent dans une longueur de sept à huit lieues. De cette première sommité nos regards parcouraient successivement dans le lointain le célèbre bourg de Montmorency et ses fertiles campagnes; l'antique ville de Saint-Denis, si reconnaissable au clocher de son abbaye; la montagne de Montmartre, qui se présente presque vis-à-vis et comme la rivale du Mont-Valérien. « C'est donc là Montmartre? dit Auguste. — Oui, mon enfant, lui répondis-je. D'après une tradition très-respectable, c'est sur cette montagne que saint Denis, premier évêque de Paris, et ses compagnons furent martyrisés pour la défense de notre foi. C'est à lui, ainsi qu'à d'autres successeurs des Apôtres que nous sommes redevables de l'inestimable avantage d'être chrétiens et adorateurs de Jésus crucifié.—Où est donc la ville de Paris? continua cet enfant, je ne la vois point. — Voyez, mon enfant, ce dôme et cette coupole qui paraît plus élevée que le lieu où nous sommes. Le dôme est celui de l'hôtel des Invalides, devant lequel nous avons passé, et la coupole est celle de l'église consacrée à la patronne de votre sœur. Mon ami, vous voyez comment les plus grandes villes disparaissent à nos regards, lorsque quelques pieds de terre s'élèvent entre elles et nous. Quelle agitation dans cette superbe capitale, que nous ne voyons plus! Quel bruit, que nous n'entendons plus, à un peu plus de deux lieues de distance! Qu'est devenu l'orgueil de cette reine des cités! Où sont ses arcs de triomphe, ses colonnes, ses palais? Où est cette innombrable population qui circule dans ses rues, dans ses places, sur ses quais? Voyez-vous comme la Seine semble l'avoir oubliée? Après s'être hâtée d'en sortir, elle promène lentement ses eaux, et fait mille circuits autour des campagnes, joyeuse d'être délivrée de ses entraves, et de s'étendre sur des rives couvertes d'une charmante verdure. »

Notre premier mouvement, en mettant les pieds sur la terrasse, avait été de nous appuyer sur le parapet du mur qui la soutient, pour jouir de la magnifique perspective qui avait frappé subitement nos regards. M. Duverneuil et moi, « pourquoi donc, nous dîmes-nous l'un à l'autre, comme si nous avions éprouvé en même temps le même remords, pourquoi donc avons-nous plutôt pensé à satisfaire notre curiosité, qu'à nous agenouiller devant cette statue de la mère du Sauveur, que nous avons vue à gauche dans une niche, dont une balustrade noire défend les approches? Réparons notre faute, et allons invoquer Marie: *Jésus-Christ sur la croix nous l'a donnée pour mère.* » Ces dernières paroles faisaient partie d'une inscription, placée au bas de la niche. Je les avais lues, mais pressé par ma curiosité, je ne les avais pas fait remarquer à M. Duverneuil. Nous allâmes donc avec sa femme et ses enfans nous mettre à genoux devant la balustrade, et réciter la salutation angélique, à l'ombre de deux gros ormes qui étendent leur feuillage au-dessus de l'esplanade.

Après avoir fait nos prières, nous continuâmes notre marche par un escalier fort commode et fort beau, composé de cent six marches, en quatre divisions, formées par autant de lieux de repos. Avant la révolution, cette montée était assez rapide, par les inégalités du terrain et le mauvais état de l'ancien escalier.

A droite, en montant, on voit le cimetière qui commence au pied du mur de terrasse jusqu'au chemin qui se termine à la grille de fer. Il est entouré d'une grille noire de bois, et l'on y entre par trois portes. Il renferme déjà un bon nombre de monumens funéraires, où reposent de vénérables dépouilles, en attendant le son de la trompette redoutable, qui, à la consommation des siècles, les ranimera pour comparaître devant le tribunal du souverain juge. Parmi tous ces tombeaux, celui qui frappa d'abord nos regards, renferme la cendre de la princesse russe de Bariatinski. C'est un massif carré de terre, au-dessus duquel s'élève une grande croix de bois, peinte en jaune, et sur le devant est une inscription en lettres d'or, sur un marbre noir. Je demandai au concierge pourquoi on avait enterré dans ce cimetière, spécialement consacré au culte catholique, une dame de la religion grecque schismatique. « Sans doute, me répondit-il, elle était catholique, puisqu'elle fut accompagnée à sa dernière demeure par un prêtre grec, qui dit alors la messe dans la chapelle des morts. »

Parmi les autres tombeaux, nous remarquâmes ceux de quelques archevêques et évêques, et de plusieurs ecclésiastiques ; mais pendant que madame Duverneuil était occupée avec ses enfans à lire les inscriptions, son mari et moi nous nous arrêtâmes devant la sépulture de M. de Beauvais, cet ancien évêque de Sénez, qui s'est rendu si illustre par son éloquence dans la chaire chrétienne, et dont un sermon prophétique, prononcé le jeudi saint de l'année 1774, devant Louis XV, ainsi que l'oraison funèbre de ce monarque, achevèrent la haute réputation.

Lorsque madame Duverneuil et ses enfans nous eurent rejoints, nous nous agenouillâmes tous, et je récitai un *De profundis* avec une autre prière pour le repos éternel des âmes dont les dépouilles reposent dans cette enceinte sacrée, qui reçoit un caractère encore plus auguste par le voisinage du tombeau de Jésus-Christ. Quelle vénérable simplicité de tous ces monumens ! Tout y est empreint du sceau du christianisme; point de faste, point d'orgueil dans les ornemens ni dans les inscriptions; point de spectateurs conduits par une vaine curiosité, mais des fidèles, touchés comme nous des tristes images de la mort, et qui, pour obtenir, à leur tour, les prières d'autres fidèles, lorsqu'ils auront quitté ce monde, implorent la miséricorde divine pour ceux qui les ont précédés dans ce dernier voyage.

Après avoir monté une vingtaine de marches, nous arrivâmes sur une autre esplanade, où sont situées deux chapelles, l'une à droite, c'est celle des morts; l'autre, à gauche, est ornée d'un tableau qui représente Marie, dans l'attitude de la plus profonde douleur, aux pieds de Jésus que l'on vient de descendre de la croix. Au-dessus de la porte, on lit ces mots : *Ecce mater dolorosa*. Dans la première chapelle on récite les prières des morts et on offre le saint sacrifice pour le repos de l'âme des personnes qui ont obtenu la faveur d'être inhumées dans le cimetière. Elle est toute peinte en noir, et le devant de l'autel présente une tête de mort. Nous nous agenouillâmes devant la porte pour réciter le *De profundis*, et nous allâmes ensuite invoquer, devant sa chapelle, la Mère de douleurs. M. Duverneuil avait donné, en partant, à chacun de ses enfans un livre de prières. « Lisez, leur dit-il, votre *Stabat mater* en français. Cette lecture vous donnera une idée de l'affliction de cette tendre mère, lorsqu'elle considérait le corps inanimé de son cher fils.

Comme il se trouvait plusieurs personnes agenouillées comme nous devant la chapelle, une jeune dame pria Geneviève de vouloir bien lire la triste complainte à haute voix, afin que tous les assistans pussent profiter de cette lecture. La jeune personne ne se fit pas prier, et lut son *Stabat* avec un son de voix si touchant, qu'elle fit verser des larmes à tous ceux qui l'entendirent. « Vous ne serez pas une mère de douleurs, dit la jeune dame à madame Duverneuil, si vos enfans persévèrent dans les beaux et bons sentimens dont ils paraissent pénétrés. »

Nous n'avions plus que vingt-trois marches à monter. Lorsque nous fûmes parvenus à la dernière, nous vîmes une foule de personnes qui s'acheminaient vers l'escalier que nous venions de quitter. « Vous arrivez trop tard, me dit un jeune homme ; le roi et sa famille, après avoir fait leurs stations, viennent de s'en retourner par le chemin qui conduit à Nanterre. » Quoiqu'en allant au Calvaire, nous n'eussions appris qu'à Suresne qu'ils s'y étaient rendus, nous ne laissâmes pas d'être affligés d'avoir manqué l'occasion de nous édifier de la piété du monarque, du dauphin, son fils, et de madame la dauphine. Ç'aurait été pour les enfans une époque dont ils se seraient long-temps souvenus. « Voilà une privation, dis-je à M. Duverneuil, que Dieu nous ménageait ; offrons-lui la peine qu'elle nous fait éprouver. — C'est la faute des enfans, me répondit-il ; Dieu la leur fait justement expier. Si vous ne vous fussiez pas égarés dans le bois de Boulogne, étourdis que vous êtes, leur dit-il, il y a plus d'une heure que nous serions arrivés. »

Après avoir arrêté un instant nos regards sur l'aile gauche du nouveau bâtiment, nous portâmes nos pas sur le grand plateau où l'on a élevé trois croix, sur un rocher formé de pierre de meulière. Au-dessous de ce rocher, a été pratiquée une grotte, qui représente le Saint-Sépulcre. Les trois croix regardent l'Orient. Ce sont trois ouvrages d'un assez bon style. La figure du fils de Dieu fait surtout beaucoup d'honneur au ciseau de l'artiste. On voit bien que c'est celle du juste par excellence. Parmi les traits de l'humanité, on distingue aisément un je ne sais quoi de divin qui triomphe de la mort. La divinité brille encore sur ce front penché, sur ces joues décolorées, sur ces paupières fermées, sur ces lèvres livides, et sur le reste de ce corps que son âme a quittée paisiblement, sans convulsions, pour lui rendre la vie trois jours après. Derrière les croix et en face du bâtiment neuf, on a placé dans le rocher une chaire, d'où les prédicateurs des deux octaves annoncent en plein air, aux fidèles assemblés, les différens mystères de la passion du Sauveur. Il y a un an que l'office divin se célébrait encore, dans une espèce d'église où il fallait entrer par les côtés, ou par un péristyle fermé par des tapisseries ; c'était à peu près comme s'il eût été célébré en plein vent.

Après avoir considéré à la hâte le bâtiment, composé d'un corps enfoncé entre deux ailes, et au-dessus duquel un fronton sculpté représente la résurrection de Jésus-Christ, nous nous prosternâmes au pied de la croix de l'Homme-Dieu ; M. Duverneuil avait fait composer, par un ecclésiastique de sa connaissance, quelques prières que les enfans devaient réciter aux stations. Édouard en avait fait trois copies, une pour lui, et les deux autres pour Auguste et Geneviève. Voici celle qu'ils récitèrent à voix basse au pied de la croix du Sauveur.

PRIÈRE.

« O Jésus, vrai Dieu et vrai homme, que votre père a envoyé sur la terre pour nous racheter par vos souffrances des peines que nous avons méritées par nos péchés; et qui, soumis entièrement à sa sainte volonté, vous êtes laissé attacher à une croix, faites-nous la grâce de mériter le salut éternel que vous nous avez acquis en répandant votre précieux sang. Que par ce sang toutes nos souillures soient lavées, afin que nous soyons trouvés un jour dignes du bonheur de vous louer éternellement dans le ciel. Ainsi soit-il. »

## CHAPITRE X.

*Les lys et la croix. — Le chant des cantiques. — La grand'messe. — Le sermon d'un missionnaire.*

Lorsque nous nous fûmes relevés : « Cette croix, dis-je à M. Duverneuil, se montre donc encore triomphante aux habitans de notre patrie, après une révolution qui lui a fait subir tant d'outrages ! Elle nous annonce que le règne des lys sera toujours le sien. Sous ces deux étendards les bons Français ne cesseront jamais de marcher, et sous ces deux signes ils peuvent se promettre de vaincre leurs ennemis, quels qu'ils soient. Lorsque la croix et les lys, vénérables emblêmes de réalités toutes divines, eurent disparu de nos villes et de nos campagnes, la France tomba dans un abîme de malheurs d'où il semblait qu'elle ne pût jamais sortir. Quand la Providence, qui veille sur le royaume de saint Louis, les eut fait reparaître, notre patrie s'élança de nouveau vers la paix et le bonheur. Conservons donc bien religieusement la croix et les lys. La croix nous donnera la victoire sur nos passions, et les lys nous préserveront de nouvelles révolutions. » Plusieurs militaires de la garde royale, présens à ce discours, ne purent s'empêcher de me témoigner qu'ils en étaient satisfaits.

« Ah ! maman, s'écria Geneviève,

voici que l'on commence à chanter des cantiques. Allons chanter aussi.—C'est, ma fille, en attendant la grand'messe, à laquelle nous devons assister. Je ne demande pas mieux, ni tes frères, qui en savent bien autant que toi. » La famille et moi, nous allâmes donc prendre place parmi les nombreux fidèles qui remplissaient tout l'espace compris entre la chapelle et le rocher. Les deux sexes n'étaient point séparés l'un de l'autre, comme dans les temples; mais chacun s'était placé, ou à sa convenance, ou suivant que la nécessité l'avait voulu. Cependant, malgré cette confusion, il se forma bientôt deux chœurs à peu près égaux, qui récitèrent alternativement une strophe des saints cantiques. Quelle touchante harmonie! quelle mélodie toute divine! Jeunes garçons, jeunes filles, hommes faits, pères et mères de famille, vieillards, tous faisaient retentir les airs, en présence de la Sainte-Croix, des sons inspirés par la plus tendre piété. Sous la voûte des cieux, il me semblait entendre les anges du ciel répondre par leurs concerts aux chants de la terre, dont, sans doute, le bruit parvenait jusqu'à eux. Toute la famille de M. Duverneuil chantait, sans avoir sous ses yeux le livre des cantiques de Saint-Sulpice. Édouard, Auguste et Geneviève les avaient appris en assistant au catéchisme, dans l'église des Blancs-Manteaux; et les deux époux les avaient retenus pour les leur avoir entendu chanter souvent à la maison. Madame Duverneuil, ayant appris la musique, les avait instruits à bien observer tous les tons, à ne point forcer leur voix, et surtout à se bien pénétrer des pensées et des sentimens exprimés par les paroles des cantiques. Geneviève avait une voix d'une grande douceur et d'une justesse extrême; aussi M. le curé l'avait-il choisie, parmi les jeunes personnes avec lesquelles elle devait faire sa première communion, pour les guider dans leur chant.

La grand'messe allant commencer, nous nous dirigeâmes vers la chapelle pour y assister. Elle fut célébrée pontificalement par un évêque, assisté des prêtres d'une des paroisses de Paris. Les enfans n'avaient jamais vu une messe épiscopale; la pompe des cérémonies les étonna beaucoup, et leur piété se manifesta par une attention soutenue à toutes les parties de l'auguste sacrifice, véritable représentation, quoique non sanglant, de celui que Jésus offrit à son père sur la croix, pour fléchir sa justice, irritée contre la criminelle postérité du premier homme.

Lorsque l'évêque officiant eut achevé le saint sacrifice, et qu'il eut donné au peuple la bénédiction pontificale, le chant des cantiques recommença en attendant le sermon, qui devait être prononcé par un missionnaire. Nous allâmes prendre place, soit pour chanter encore, soit pour assister à la prédication. L'orateur chrétien ne se fit pas long-temps attendre. Il alla se placer dans une espèce de chaire, entre le derrière de la croix et les pierres du rocher. C'était un prêtre, âgé d'environ trente-six ans, d'une belle figure, mais à son air extrêmement pénétré et mortifié, il était aisé de se convaincre qu'il était un vrai disciple de la croix de Jésus-Christ. Avant qu'il commençât, M. Duverneuil avertit ses enfans, qu'après les stations, il les interrogerait sur ce qu'ils auraient entendu. C'était leur enjoindre d'y donner toute leur attention.

Quel spectacle sublime, que celui d'un orateur chrétien qui annonce les miséricordes et les vengeances du Très-Haut, au pied de cette croix, qui est à la fois un instrument de miséricorde et de vengeance. La religion qui le donne aux hommes entre le ciel, d'où elle est descendue, et la terre qu'elle veut sanctifier, n'est-elle pas la véritable? Son ministre n'exerce-t-il pas alors l'autorité la plus sainte et la plus respectable? Supposons que l'apôtre saint Pierre eût obtenu de Pilate la permission de reprocher aux Juifs, au pied de la croix, où son divin maître venait d'expirer, le crime affreux dont ils venaient de se rendre coupables; qu'il les eût exhortés à la pénitence la plus rigoureuse, pour éviter les terribles châtimens qu'ils avaient mérités, quelle n'eût pas été la force de ses paroles, en leur montrant le corps inanimé et sanglant du juste qu'ils avaient crucifié? Si le peuple romain, à l'aspect du corps de César, transporté par l'ordre d'Antoine dans le Forum, et au pied de la tribune aux harangues, éclata en gémissemens et en sanglots, lorsque le même Antoine déplorait la mort tragique d'un si grand homme, pouvons-nous douter que le discours funèbre de Pierre n'eût produit, sur la multitude assemblée devant la croix de Jésus-Christ, un effet qui eût attiré sur la malheureuse nation juive, les miséricordes divines, au lieu de l'anathème sous le poids duquel elle gémit depuis tant de siècles.

En voyant ce nouvel apôtre de l'Évangile sur un autre Calvaire, au pied de la croix, sur laquelle est clouée la représentation de l'Homme-Dieu, se disposant à annoncer les mystères de cette croix, non en présence d'un peuple régicide, mais devant une assemblée nombreuse de chrétiens; à quels effets de son éloquence ne devais-je pas m'attendre : aussi quel silence, avant même qu'il ait ouvert la bouche! il n'a point encore parlé, et l'on croit l'avoir entendu. Tous les regards sont fixés sur lui ; toutes les oreilles s'apprêtent à recevoir les mots qu'il va prononcer. Enfin, il commence. Sa voix claire et sonore, sa physionomie empreinte d'une religieuse tristesse, son attitude modeste, sans timidité, son geste naturel et sans aucune prétention, la simplicité de son début, tout commande l'attention de son auditoire. O triomphe de la Croix! ce prédicateur sans art, cet orateur des chaires champêtres, qui a moins étudié les règles de l'éloquence dans les livres qu'au pied de son crucifix, fait passer bientôt, comme par une commotion électrique, dans tous les cœurs, les pieux sentimens qui l'oppressent. Des soupirs, des sanglots mêmes, se font entendre de toutes parts; tous les yeux se mouillent de larmes, lui-même ne peut retenir les siennes, et la parole s'arrête un instant sur ses lèvres. Il reprend le fil de son discours; la véhémence, le pathétique, le raisonnement s'y succèdent tour à tour jusqu'à la fin. Enfin, après une heure et demie de l'action oratoire la plus soutenue, sur tous les tons, il descend de sa tribune, tout couvert de sueur, et accompagné de l'admiration de tous ses auditeurs.

M. Duverneuil, sa femme et ses enfans ne furent pas les moins touchés du sermon de l'éloquent missionnaire. « Jamais, dit madame Duverneuil, je n'ai entendu un prédicateur qui m'ait fait une si vive impression. Certaines personnes ont bien tort d'accuser les missionnaires ; je vois bien qu'ils ne prêchent que l'Évangile, et que toute leur politique ne consiste qu'à faire de bons chrétiens. » Je voyais le moment où elle allait faire, à sa manière, l'analyse du sermon ; mais elle fut arrêtée par son mari qui, comme je l'ai dit, voulait interroger ses enfans, pendant le chemin du Mont-Valérien à Nanterre.

Après le sermon, le chant des cantiques recommença. Nous mêlâmes nos voix à celles des personnes qui chantaient. Une demi-heure après, nous nous retirâmes pour commencer les stations que nous n'avions pu faire jusqu'alors, par le retard que nous avions éprouvé dans notre voyage.

## CHAPITRE XI.

*Stations, instructions, prières.*

Les stations sont quelques chapelles, situées à de courtes distances les unes des autres, sur le revers oriental de la montagne. Dans chacune, on a placé des tableaux qui représentent les principaux événemens de la passion de Jésus-Christ.

« Après avoir fait la cène avec ses disciples, Jésus se retira pour prier dans le jardin de Getsémani, situé au bas de la montagne des Oliviers. Simon Pierre, et deux autres de ses apôtres l'y accompagnèrent. Pendant qu'il priait son père céleste, ses disciples, dont il s'était un peu éloigné, s'endormirent, et il tomba dans une si cruelle agonie qu'une sueur de sang coula de son corps jusqu'à terre. « Que ce calice passe loin de moi, ô mon père ! s'écria-t-il ; toutefois que votre volonté s'accomplisse ! » Alors un ange descendit du ciel, et s'approcha de lui pour le consoler. S'étant relevé, il alla vers ses disciples, qui dormaient. « Quoi ! leur dit-il, vous n'avez pu veiller une heure avec moi. Veillez et priez de peur d'entrer en tentation. »

### PRIÈRE.

« Ô mon Dieu, ô mon Sauveur, c'est donc vous que je vois dans ce jardin, tourmenté par toutes les angoisses de la mort ; et pourtant, victime innocente, qui ne peut être reprise d'aucun péché, cette mort que vous devez subir, est toute volontaire ; il ne tient qu'à vous de vous y soustraire ! O admirable résignation, dans ces momens terribles où la prévision de tout ce que vous allez souffrir, fait couler de toutes les parties de votre corps une sueur de sang, mon père, dites-vous, que votre volonté s'accomplisse et non la mienne ! O mon Sauveur, accordez-moi la grâce de me soumettre dans tous les événemens de ma vie, à la sainte volonté de votre père céleste et à la vôtre ; et s'il m'arrive de désirer que les calices d'amertume que vous m'enverrez, passent loin de moi, faites, ô mon Dieu, que j'aie la force de les boire jusqu'à la lie, en expiation de mes innombrables offenses ! »

Après avoir fait quelques pas nous nous arrêtâmes et nous nous mîmes à genoux devant la deuxième station. Le tableau représente l'instant où Jésus est trahi par Judas Iscariote et conduit chez le grand prêtre des Juifs.

Cependant Judas, l'un des apôtres de Jésus, après avoir pris la résolution de trahir son maître, avait reçu trente pièces d'argent pour le prix de son exécrable trahison. Sachant qu'il est allé prier dans le jardin des Oliviers, il prend avec lui, à l'entrée de la nuit, un détachement de soldats et plusieurs serviteurs du grand prêtre, armés de bâtons et portant des flambeaux. A l'arrivée de cette troupe, Jésus se présente, et Judas lui donne un baiser, signal dont il était convenu pour le faire reconnaître au milieu de ses disciples. « Est-ce ainsi, ami, lui dit Jésus, avec une admirable bonté, que par un baiser vous livrez le Fils de l'homme. Qui cherchez vous? avait-il demandé à ceux qui venaient pour l'arrêter. — Nous cherchons le nommé Jésus. — C'est moi. » Et à ces paroles toute la troupe avait été renversée par terre. « Maintenant c'est votre heure, ajouta-t-il, et la puissance des ténèbres; levez-vous et marchons. » Je ne dois pas oublier de vous dire, continuai-je, en adressant la parole aux enfans, que l'apôtre saint Pierre avait promis à Jésus de ne l'abandonner jamais, et que Jésus lui avait prédit que, dans la nuit même, il le renoncerait trois fois avant le chant du coq. Ce même apôtre, transporté d'un zèle téméraire pour la défense de son maître, avait tiré un glaive dont il s'était armé, et avait coupé une oreille au serviteur du grand prêtre, nommé

Malchus. « Remettez votre épée dans le fourreau, lui avait dit Jésus; tous ceux qui frappent du glaive périront par le glaive. » Et au même instant, il avait remis l'oreille au serviteur du grand prêtre. Les soldats ayant donc saisi et lié Jésus, le conduisirent à la maison du grand prêtre Caïphe, dans laquelle étaient assemblés les principaux d'entre les Juifs.

## PRIÈRE.

« O Jésus, ô mon Sauveur, qu'avez-vous fait pour être trahi par un de vos disciples? Vous l'aviez admis au nombre de vos apôtres; vous l'aviez fait asseoir à votre table; vous l'aviez établi dépositaire des aumônes que vous receviez. Hélas! c'est l'avarice qui l'a perdu; l'amour excessif de l'argent; détestable vice qui rend l'homme capable de tous les crimes. O douceur toute divine ! D'un seul mot vous pouviez précipiter ce traître au plus profond des abîmes, et dans le moment même qu'il vous livre à vos ennemis, vous lui donnez le doux nom d'ami ! et vous lui faites sentir toute l'horreur de sa trahison, en prononçant le mot de *baiser,* ce gage de paix, de réconciliation et de pardon ! Toute votre conduite répond à ce premier début. Vous pouviez appeler à votre secours des légions d'anges, et vous vous présentez, sans défense et sans résister, à ceux qui sont venus pour se saisir de votre divine personne ; Pierre coupe une oreille à un serviteur du grand prêtre, et vous la lui remettez aussitôt par un miracle de bonté et de toute-puissance. Sans dire un seul mot, sans proférer une plainte vous laissez lier vos mains sacrées, et vous suivez, au-delà du torrent de Cédron, les hommes féroces qui vous traînent à leur suite. O mon Sauveur, faites-moi la grâce d'imiter votre patience et votre douceur dans toutes les contrariétés qui pourront m'arriver, de rendre le bien pour le mal, et de ne me venger que par des bienfaits des outrages que j'éprouverai! »

Après que les enfans eurent récité cette prière, nous dirigeâmes nos pas vers la troisième chapelle, sur le tableau de laquelle était représenté Jésus-Christ, debout devant le tribunal du grand prêtre.

Lorsque nous nous fûmes agenouillés, je fis à mes compagnons de pélerinage, ainsi qu'à plusieurs personnes qui nous avaient suivis, le récit de ce qui s'était passé dans la maison du grand prêtre, depuis le moment où Jésus y avait été introduit. Interrogé sur sa doctrine, il répond que tout le monde connaît ce qu'il a enseigné. Ses réponses aux autres accusations portées contre lui n'auraient laissé aucun doute sur son innocence, si ses ennemis n'eussent été aveuglés par la colère. Frappé sur la joue par un serviteur du grand prêtre, il se contente de lui répondre : « Pourquoi me frappez-vous ? » Il s'est dit le Fils de Dieu ; il s'est fait égal à Dieu, et parce qu'il a répondu qu'on verra un jour le Fils de l'homme apparaître sur les nuées du ciel, il est aussitôt accusé et convaincu de blasphême. Cependant, Pierre, qui avait été reconnu pour être un de ses disciples, l'avait renié trois fois, à la seule parole d'une servante ; le coq avait chanté aussitôt après la troisième fois.

Se rappelant alors ce que son maître lui avait prédit, il était sorti dans la rue en fondant en larmes, et détestant son parjure.

### PRIÈRE.

« O Jésus, mon divin Sauveur, qui donnera à mes yeux une fontaine de larmes pour pleurer les outrages commis chez Caïphe, contre votre personne adorable? Quoi! une vile créature que vous pouvez renverser d'un souffle de votre bouche divine, ose vous interroger sur la doctrine céleste que vous avez annoncée aux hommes! il applaudit à l'affreux sacrilége du monstre qui a porté sa main sur votre face sacrée! il vous traite, vous le Fils de Dieu, et Dieu, comme votre père, d'infâme blasphémateur! et vous ne répondez à tous ces outrages que par votre silence, ou par quelques paroles pleines de modération et de dignité! Quel est l'homme innocent qui, devant un juge si inique, n'eût pas laissé échapper de sa bouche quelques mots d'impatience ou d'indignation; mais vous, ô Jésus! vous êtes comme un doux agneau qui se tait sous la main qui le tond. Faites-moi la grâce de vous imiter lorsqu'une injuste accusation sera portée contre moi; et même les reproches qui me seraient adressés, fussent-ils dépourvus de toute raison, qu'avec votre secours, je me fasse une loi de ne m'en justifier qu'avec modération, et avec toute la déférence due à l'autorité de celui qui me les fera. Votre conduite devant Caïphe est la règle de celle que l'innocence, même accusée, doit tenir devant ses juges. »

En côtoyant toujours la partie inférieure du côté oriental de la montagne, nous atteignîmes la quatrième station. Sur le tableau était représenté la comparution de Jésus-Christ devant Pilate, sa flagellation, son couronnement d'épines, et sa condamnation au supplice de la croix.

Je dis alors comment Jésus avait été conduit de grand matin au palais ou prétoire de Pilate, gouverneur de la Judée pour les Romains ; comment il avait été ensuite conduit vers Hérode, prince de Galilée, qui se trouvait à Jérusalem dans ce temps-là ; quelles insultes il reçut dans la cour de ce prince ; le silence qu'il garda à la question *qu'est-ce que la vérité*, qu'il lui fit ; comment il fut renvoyé à Pilate qui, après l'avoir interrogé, déclara qu'il ne trouvait dans sa conduite aucun motif pour le condamner. Comme le peuple assemblé devant le prétoire insistait pour qu'il fût crucifié, Pilate, s'imaginant qu'en lui infligeant le supplice de la flagellation, il pourrait satisfaire la fureur de ses ennemis, l'abandonna à ses gardes qui, après s'être joués de sa personne sacrée, le frappèrent de verges et lui mirent sur la tête une couronne d'épines, en lui disant par moquerie : « Nous te saluons, roi des Juifs. » Ce fut dans une situation si déplorable que Pilate le présenta au peuple en disant : *Voilà l'homme.* Comme ce même peuple, dans son funeste aveuglement, criait sans cesse : Crucifiez-le, nous voulons qu'il soit crucifié, il voulut profiter, pour le sauver, de l'approche de la fête de Pâques, avant laquelle, suivant la coutume, on délivrait un malfaiteur.

« Lequel voulez-vous, dit Pilate, que je délivre, de Jésus ou de Barrabas. » Celui-ci était un insigne voleur, et les Juifs demandèrent à grands cris que la grâce fût donnée à Barrabas, et que Jésus fût crucifié. Le faible gouverneur, redoutant alors l'effervescence de cette multitude furieuse, se fit apporter de l'eau, et se lava les mains, comme si cette vaine cérémonie eût pu le rendre innocent du sang du juste qui allait être répandu.

PRIÈRE.

« O Jésus, mon Sauveur et mon Dieu, est-il une douleur semblable à la vôtre? On vous traîne comme le plus vil des criminels de tribunal en tribunal; partout vous êtes abreuvé d'humiliations, accablé d'outrages, et partout vous gardez un silence plein de dignité.

Baffoué par une soldatesque insolente, cruellement flagellé et couronné d'épines, que vous reste-t-il de plus grandes souffrances à endurer ? Le supplice de la croix qui vous attend ? Non. Ce supplice sera pour vous moins affreux que celui de voir un Barrabas vous être préféré par votre peuple, par ce peuple que vous êtes venu enseigner et sauver. O mon Sauveur, je n'ai, hélas! rien souffert encore, moi, misérable pécheur! Mais si jamais je dois être humilié, outragé, baffoué; si jamais les maladies, ou toute autre cause doit me faire souffrir, inspirez-moi la patience et la résignation nécessaires pour me rendre semblable à vous. Livrez-moi aux tourmens de l'esprit et du corps; mais faites qu'ils me servent d'expiation pour mes innombrables offenses. Ainsi soit-il. »

En avançant vers le sud-ouest, nous trouvâmes une chapelle, située sur un chemin étroit et assez rapide de la montagne. Jésus portant sa Croix par la voie douloureuse qui conduisait au Calvaire était le sujet du tableau.

Après avoir été livré aux Juifs par Pilate, Jésus fut chargé de l'énorme bois sur lequel il devait être crucifié. Couronné d'épines, et vêtu d'une robe de pourpre, qui s'était comme collée sur les plaies dont son corps était couvert, chacun de ses mouvemens ajoutait à ses souffrances. Une foule immense le suivait; plusieurs saintes femmes, au nombre desquelles était Marie, sa mère, fondant en larmes, marchaient au milieu de cette multitude. Jésus les apercevant : « Femmes de Jérusalem, leur dit-il, ne pleurez pas sur moi, mais sur vous et vos enfans. » Cependant ses forces affaiblies par le sang qu'il avait perdu et perdait encore, ne pouvaient plus suffire au poids dont ses épaules étaient chargées. Un homme de Cyrène, nommé Simon, fut arrêté par les bourreaux, qui le forcèrent de porter la croix pendant le reste du chemin. Ce fut ainsi qu'on arriva sur le Calvaire.

PRIÈRE.

« O Jésus, mon Sauveur, vous avez dit que celui qui ne porte pas sa croix, ne peut être votre disciple. Faites-moi la grâce de marcher comme vous dans la voie douloureuse de cette vie, en portant, non comme vous, une croix de bois, mais en faisant violence à mes mauvais penchans, à mes coupables habitudes, en renonçant à moi-même, en fuyant les plaisirs, en soumettant mes sens à ma raison, et ma raison à la foi; enfin, en acceptant avec joie toutes les peines, toutes les contradictions, toutes les souffrances qu'il vous plaira m'envoyer. Je sais, ô mon Sauveur, que pour triompher avec vous dans le ciel, il faut que, chargé de ma croix, je monte avec vous sur le Calvaire. Ainsi soit-il. »

## CHAPITRE XII.

*Suite des stations. — Le bâtiment neuf.*

Nous voici sur le Calvaire. Nous avons déjà considéré les trois croix. Au milieu, s'élève celle de Jésus-Christ; à droite est celle du bon larron, et à gauche, celle du mauvais larron. Le premier de ces deux malfaiteurs porte la tête élevée vers le ciel, du côté du Fils de Dieu; mais le second, d'une figure ignoble, et sur laquelle se font remarquer la scélératesse et le désespoir, a la sienne penchée vers le côté gauche.

En continuant mes instructions, nous avons déjà adoré la Sainte-Croix, dis-je à M. Duverneuil, à sa femme et à ses enfans; mais je ne vous ai point encore fait l'histoire du crucifiement. Lorsque Jésus fut arrivé sur le Calvaire, petite colline, située dans l'enceinte même de Jérusalem, et destinée au supplice des criminels, les bourreaux le dépouillèrent de sa robe de pourpre, sans couture, et l'étendirent sur le bois fatal; après l'y avoir cloué, ils élevèrent cette croix, et la plantèrent dans un trou qu'ils avaient creusé à cet effet. Il était environ trois heures après midi, du vendredi qui, chez les Juifs, était la veille du sabat, jour de repos, qui commençait à six heures du soir. Jésus prononça plusieurs paroles du haut de sa croix. Voyant sa mère et saint Jean qui pleuraient : « Femme, dit-il à Marie, en lui montrant l'apôtre, voilà votre fils; et vous, dit-il à celui-ci, en lui montrant Marie, voilà votre mère. » Un instant après il s'écria : « J'ai soif, » alors on lui tendit une éponge imbibée de fiel et de vinaigre. Un des voleurs crucifiés à ses côtés, s'étant mis à blasphémer, l'autre lui répondit : « Nous recevons la juste punition de nos crimes, mais celui-ci qu'a-t-il fait? » Adressant ensuite le parole à Jésus : « Seigneur, lui dit-il, ressouvenez-vous de moi, lorsque vous serez dans votre royaume. — En vérité, je te le dis, lui répondit Jésus, tu seras aujourd'hui avec moi en Paradis. » Honni, baffoué, blasphémé par le peuple qui contemplait ses souffrances, il pria pour lui et pour ses bourreaux, en disant : « O mon père, pardonnez-leur; car ils ne savent pas ce qu'ils font. »

Cependant, malgré les forces que la divinité donnait à l'Homme-Dieu pour supporter ses horribles souffrances, son humanité ne laissait pas d'éprouver toutes les angoisses dont les approches de la mort remplissent le cœur de l'homme le plus résigné aux volontés du ciel : O mon Dieu! s'écria-t-il, pourquoi m'avez-vous abandonné? » Un instant après, il s'écria encore : *Tout est consommé;* et baissant la tête, il rendit l'esprit.

Aussitôt toute la nature se ressentit de la mort de son auteur; le soleil s'obscurcit, la terre trembla, les rochers se fendirent, les sépulcres s'ouvrirent, et plusieurs personnes ressuscitées se montrèrent dans les rues de Jérusalem. En voyant ces prodiges, l'officier qui commandait les soldats, ne put s'empêcher de s'écrier : *Cet homme était vraiment le Fils de Dieu,* et un grand nombre de spectateurs d'une scène si tragique et si étonnante se retirèrent en se frappant la poitrine.

Plus de trente personnes étaient présentes, lorsque je faisais ce récit du crucifiement et de la mort du Sauveur. J'éprouvai une bien vive satisfaction en les voyant essuyer les larmes qui mouillaient leurs paupières.

Au-dessous des trois croix, on a pratiqué une grotte qui représente le sépulcre de Jésus-Christ. L'image de cet Homme-Dieu se voit dans le fond ; mais ce monument ne représente que très-imparfaitement le tombeau où son corps fut déposé après qu'il eût été descendu de la croix.

Après la mort de Jésus, continuai-je, les saintes femmes et Joseph d'Arimathie, qui avaient assisté à son supplice, obtinrent du gouverneur romain la permission d'abaisser la croix et de l'en détacher; ce qui ne se fit pas sans beaucoup d'efforts, ses pieds et ses mains ayant été percés de gros clous. Ce Joseph, dont je viens de parler, avait fait creuser dans un roc voisin, comme par une inspiration divine, un sépulcre dans lequel aucun corps n'avait encore été déposé. Après que celui du Sauveur eût été enveloppé d'un linceuil, on le transporta dans ce lieu, divisé en deux parties, dont l'une, creusée à gauche, reçut l'insigne honneur de recevoir ce corps, qui devait, le troisième jour, sortir triomphant de la nuit du tombeau, ainsi que Jésus l'avait prédit à ses disciples. Ce sépulcre, devant lequel on avança de grosses pierres pour en interdire l'entrée, fut de plus gardé par des soldats, que Pilate, à la demande des Juifs, envoya, de peur que le corps de Jésus ne fût enlevé par ses disciples.

### PRIÈRE.

« O Jésus, mon Dieu et mon Sauveur, faites-moi la grâce de m'ensevelir avec vous, c'est-à-dire de me dépouiller du vieil homme, ce corps de péché que je porte sans cesse avec moi, et de déposer dans un tombeau, d'où elles ne puissent plus sortir, les vicieuses habitudes qui m'entourent comme un linceuil. Si votre sainte humanité a payé à la mort le tribut que nous lui devons tous, hommes pécheurs que nous sommes, et si elle a voulu goûter du séjour du tombeau, quel espoir nous reste-t-il à nous-mêmes, coupables descendans du premier homme! O mon Dieu, mon Sauveur, dont le tombeau est si glorieux, que ne puissions-nous par la pénitence, rendre celui qui nous recevra un jour, l'objet de la vénération de nos semblables. Si votre vie et votre mort nous offrent les plus salutaires leçons, votre sépulture les a continuées, et quoique enseveli, vous ne parlez pas moins haut que vous ne parliez sur la croix. Que la voix qui sort de votre sépulcre, en même temps qu'elle nous inspirera une crainte salutaire, nous avertisse que, si nous ne sommes pas crucifiés, morts, et mis dans le tombeau avec vous, nous ne saurions participer à vos glorieuses destinées. Ainsi soit-il. »

Voici nos stations faites, dis-je à

M. Duverneuil ; maintenant nous pouvons considérer, tout à notre aise, le vaste édifice qui s'élève si majestueusement derrière les trois croix. C'est un grand corps de bâtiment qui ressemble à une caserne ; nous ne devons pas en être étonnés, puisque c'était sa destination primitive. Au rez-de-chaussée de la partie qui s'enfonce entre les deux ailes, est un vaste corridor qui, jusqu'à ce moment, a servi à la célébration de l'office divin. Cette même partie se termine par un fronton en relief qui représente le mystère de la résurrection de Jésus-Christ. Vainqueur du péché et de la mort, il sort triomphant du tombeau, en présence des soldats qui gardaient l'entrée de son sépulcre, et qu'un si grand miracle a frappés d'une telle épouvante, qu'ils sont tombés les uns sur les autres.

C'est, dis-je, une heureuse et belle idée, que celle qui a guidé le crayon du dessinateur et le ciseau du sculpteur pour l'exécution d'un tel ouvrage. Après avoir montré aux fidèles les humiliations et les souffrances de Jésus, on devait les consoler par la vue de sa victoire; et il fallait que ce triomphe se détachât, pour ainsi dire, de la terre, comme le triomphateur s'était détaché des tristes entraves de la mort. Comme la croix de Jésus-Christ est la base sur laquelle porte tout le système de notre sainte religion, les personnes qui ont présidé à l'achèvement de l'édifice, ont fait élever ce signe de salut au faîte de chacun des trois corps de l'édifice.

Ce bâtiment se compose de quatre étages, y compris les mansardes, et d'un grand nombre de chambres,

Comme il n'est pas encore complétement terminé, il n'est habité par personne. Les missionnaires de France, dont il est comme le chef-lieu, étant occupés pendant la plus grande partie de l'année à annoncer la parole de Dieu dans les départemens, ne s'y rendent que pour les deux neuvaines de l'Invention et de l'Exaltation de la Sainte-Croix. Ce sont eux qui, pendant tous ces jours de pélerinage, prêchent, aux fidèles qui, de toutes les paroisses de la capitale et des campagnes voisines, accourent au Calvaire, les saints mystères de la Croix.

A une petite distance, derrière le bâtiment neuf, est une autre maison assez considérable, de forme carrée, qui pourra un jour être occupée par des solitaires, ou servir de retraite à des laïcs, que l'esprit de Dieu conduirait dans cette solitude pour y parler à leur cœur, et leur faire connaître les inestimables douceurs que l'on goûte à son service. Mais il faudrait, interrompit M. Duverneuil, pour que ce bâtiment pût recevoir les personnes dont vous parlez, qu'il s'y établît à demeure un certain nombre d'ecclésiastiques, chargés d'y régler les exercices spirituels, et d'y remplir les fonctions du culte catholique à l'exception de celles qui sont réservées aux pasteurs. — C'est, repris-je, ce qui avait lieu autrefois parmi les ermites avec qui plusieurs laïcs venaient passer, les uns, huit jours, les autres, quinze et même plus, dans l'intention de rentrer dans les voies du salut, s'ils s'en étaient écartés, ou d'acquérir de nouvelles forces pour y persévérer.

Derrière, et aux deux côtés du bâtiment dont je viens de parler, s'étend un terrain de plusieurs arpens, enclos de murs. Les ermites le cultivaient autrefois de leurs mains, et en tiraient les légumes et les plantes potagères à leur usage. Sur le plateau, on voit encore une allée d'arbres qui fournissait un délicieux ombrage aux anciens habitans de cette solitude, frappée de tous côtés des rayons de l'astre du jour. Nulle promenade ne jouit d'une vue plus étendue, plus agréablement variée. Mais si la terre y offre au loin ses richesses aux regards étonnés, ceux de la piété peuvent se promener sur une immense étendue de ce ciel qu'elle espère habiter un jour.

## CHAPITRE XIII.

*Repos. — Rafraîchissemens. — Descente à Nanterre. — Les enfans et M. Duverneuil rendent compte de ce qu'ils ont retenu du sermon.*

Il était une heure et demie à la montre de madame Duverneuil. « Il est bien temps, dit-elle, de nous reposer, après toutes les stations que nous avons faites, et de faire rafraîchir les enfans avant de descendre à Nanterre. Pour moi, je vous avouerai, me dit-elle en souriant, que je me sens un peu d'appétit, et que je mangerais bien volontiers un morceau de pain sur le Calvaire. » Le besoin que cette dame et ses enfans avaient de prendre un peu de nourriture était aussi celui de M. Duverneuil et le mien. Nous nous acheminâmes donc vers la maison d'un traiteur, située près de la descente qui conduit à Nanterre.

Pendant le déjeûner, composé de pain et d'une assez forte omelette, M. Duverneuil, en me remerciant de tout ce que j'avais dit d'instructif pendant le voyage et les stations, pour sa famille et pour lui, insista vivement pour que je m'en retournasse à Suresne. « Sans doute, me dit-il, vous n'êtes venu au Calvaire que dans l'intention de vous en retourner par le même chemin. Il ne faut pas que nous poussions votre complaisance à l'excès. C'est pour moi et ma famille un grand bonheur que de vous avoir rencontré ; et je vous prie de nous continuer l'honneur que vous nous avez faite en venant nous voir dans vos momens perdus. — Ce serait, lui dis-je, me causer un véritable chagrin, que de m'obliger à me séparer de votre compagnie. Puisque j'ai commencé, pour ainsi dire, ce pélerinage avec vous, permettez-moi de l'achever de la même manière. Je n'ai rien de mieux à faire que de vous accompagner à Nanterre, et de retourner avec vous à Paris. »

Après une heure de repos, nous descendîmes à Nanterre, par un chemin assez rapide et tortueux. Comme il nous fallait une grande demi-heure avant d'arriver à ce bourg, si nous ne voulions pas aller trop vite, madame Duverneuil me pria d'interroger ses enfans sur le sermon du missionnaire. « Quel a été le sujet de ce discours, demandai-je à Édouard? — Le pardon des injures. — Quel en a été le texte? — *Mon père pardonnez-leur, ils ne savent pas ce qu'ils font.* — C'est fort bien! après, qu'a-t-il dit? — Autant que je puis m'en souvenir, il a d'abord expliqué et commenté ces paroles de Jésus-Christ, et invité ses auditeurs à pratiquer la morale qui s'y trouve enfermée. Abreuvé d'humiliations, en proie à toutes les souffrances du plus cruel supplice, il gémit sur le triste sort de ceux qui l'ont condamné et crucifié, et loin d'appeler sur eux la vengeance de son père, il implore sa miséricorde sur ces malheureux aveugles.

«—Et vous, mon cher Auguste, dites-moi, je vous prie, ce que vous avez retenu de ce sermon? — Le missionnaire nous a cité plusieurs passages de l'Écriture sainte, relatifs au pardon des injures. Les habitans d'une ville de Judée repoussèrent Jésus et ses disciples lorsqu'ils se présentèrent à ses portes. Les disciples, indignés de cet affront, prièrent leur maître de faire descendre le feu du ciel sur ce peuple. « Vous ne savez pas, leur dit-il, de quel esprit vous êtes. » — Est-ce le seul exemple que le prédicateur ait cité? — Non, monsieur. Il nous a encore rapporté la parabole de l'enfant prodigue. Ce jeune homme, voulant vivre à sa manière, demanda à son père la part qui lui revenait de son héritage, c'est-à-dire sa légitime. Le vieillard ayant consenti à sa demande, non sans lui mettre devant les yeux les dangers auxquels son âge et son défaut d'expérience l'exposaient, il se rendit dans un pays lointain où il dépensa tout son argent avec des femmes de mauvaise vie. Lorsqu'il n'eut plus rien, il se mit au service d'un homme qui le chargea de garder les plus vils animaux. Dégoûté de ce genre de vie qui ne lui procurait que la plus chétive subsistance, il prit la résolution de retourner dans la maison paternelle. A son arrivée, il se jette aux pieds de son père : « O mon père, lui dit-il en sanglotant, j'ai péché contre le ciel et contre vous, et je ne suis pas digne d'être appelé votre fils. » Que fera le père offensé par un fils ingrat ? a demandé le missionnaire ; le punira-t-il ? l'accablera-t-il du poids de sa vengeance ? non. Il le relèvera, il le serrera contre son sein ; il répandra sur lui d'abondantes larmes de joie ; il fera tuer pour lui le veau le plus gras de son troupeau; il invitera tous ses amis à partager son bonheur, en leur disant: « Réjouissez-vous, j'avais perdu mon fils, et je l'ai retrouvé. »

« — C'est bien, très-bien, mon Auguste, dit M. Duverneuil en l'embrassant. Je suis satisfait de ton attention et de ta mémoire. Et toi, Geneviève, dis-nous un peu ce dont tu te souviens. — Papa, je n'ai pas retenu grand'chose. voici tout ce que je sais. Le missionnaire nous a dit que nous serons mesurés comme nous aurons mesuré nos semblables; que si nous voulons que Dieu nous pardonne nos offenses envers lui, nous devons pardonner à notre prochain ses offenses envers nous, et que ceux qui ne pardonnent pas, prononcent leur condamnation, chaque fois qu'ils récitent les paroles de l'oraison dominicale : *Pardonnez-nous nos offenses, comme nous les pardonnons à ceux qui nous ont offensés.* »

Geneviève s'étant arrêtée, après ces paroles. « Tu sais, ma fille, quelque chose de plus. Allons, courage ! Saprice et Nicéphore ? — Ah ! maman, ce trait de l'histoire des Martyrs, j'en ai écouté le récit avec un grand intérêt. Saprice et Nicéphore étaient liés l'un à l'autre de la plus étroite amitié. Malheureusement une querelle s'éleva entre eux, et ils se brouillèrent. Comme ils étaient chrétiens, un juge païen les fit amener devant son tribunal, pour les interroger, et les obliger à sacrifier aux idoles. Avant qu'ils eussent été arrêtés, Nicéphore avait fait toutes sortes de démarches auprès de son ancien ami, pour l'engager à lui rendre son amitié; mais Saprice s'était toujours montré inflexible. En présence du juge, le premier renouvela ses instances avec plus de vivacité encore qu'il n'avait fait. Rempli de sollicitude pour le salut de son ami, qu'il voyait sur le point d'être avec lui envoyé au supplice, il lui demandait pardon, il le conjurait, avec larmes, d'oublier le sujet de mécontentement qu'il lui avait donné, et le malheureux Saprice daignait à peine l'écouter et jeter un coup d'œil sur lui. « Admirons ici, le missionnaire, s'est-il écrié ! Admirons ici, à la fois, la justice et la miséricorde de Dieu ; sa justice envers Saprice qui, ébranlé par les menaces et gagné par les promesses du juge, va offrir un encens criminel aux idoles ; sa miséricorde à l'égard de Nicéphore qui est envoyé à la mort, et reçoit ainsi la glorieuse couronne du martyre. »

« —Tu vois donc bien, ma Geneviève, que tu en savais plus que tu ne croyais. Ne nous diras-tu plus rien? et saint François de Sales ! — Ah ! maman, j'y suis. Ce qui a causé mon embarras, c'est cette foule de traits historiques, relatifs au pardon des injures, que le bon missionnaire a rapportés. Attends un peu, que je me remette.

« Saint François de Sales avait emprunté une somme d'argent à un particulier, en lui promettant de la lui rendre à une époque déterminée. Lorsque le terme du remboursement fut arrivé, le prêteur se présenta à la maison épiscopale pour toucher son argent. Malheureusement le saint se trouvait dans l'impuissance de le satisfaire. Alors cet homme, de crier, de jurer, de tempêter, de vomir toutes sortes d'injures contre ce saint qui, sans se fâcher, et possédant son âme dans une paix parfaite, lui promit de faire tous ses efforts pour lui remettre sa somme le plutôt possible, dût-il vendre ses meubles pour la compléter. Sur sa promesse, l'individu se retire en murmurant, et sans daigner le saluer. François n'eut pas besoin de mettre ses meubles en vente. Il eut le bonheur de trouver dans la bourse d'un ami, l'argent dont il avait besoin. « Mes frères, s'est écrié le missionnaire, vous pensez peut-être que le saint évêque, irrité de l'insolence du prêteur, se disposera à lui faire, à son retour, un accueil sévère, et que par des reproches pleins d'amertume et de dureté, il lui fera sentir vivement l'inconvenance de sa conduite. Ce serait le mal connaître cet ange de douceur. L'homme revient et reçoit son argent. Quelle n'est pas sa surprise, lorsqu'il voit l'admirable prélat, se mettre, pour ainsi dire, à ses genoux, lui demander pardon, le serrer dans ses bras, l'arroser de ses larmes, et le conjurer de le regarder à l'avenir comme le meilleur de ses amis. »

« Mademoiselle Geneviève, dis-je à madame Duverneuil, ne s'est pas beaucoup trompée, en rapportant les paroles du missionnaire. C'est bien le tour dont il s'est servi; c'est bien là son mouvement. En vérité, je n'aurais pas mieux dit, et peut-être moins bien. — Je vous dirai, me répondit cette dame, que ma fille est douée de la mémoire la plus heureuse, et d'une extrême sensibilité; mais elle a une timidité qui l'empêche souvent de dire tout ce qu'elle sait, ou qui met son excellente mémoire en défaut. De ces trois enfans, Édouard est celui qui a la tête la plus dure, et s'il apprend quelque chose, c'est avec les plus grands efforts. — Ce n'est pas un grand mal. Ces têtes dures retiennent long-temps ce qu'elles ont appris. »

« C'est actuellement mon tour, dit M. Duverneuil à son épouse et à moi, de vous rendre compte de ce qui m'a le plus frappé dans le sermon du missionnaire. Enfans, nous ne sommes point ici au bois de Boulogne; ainsi je n'ai nulle crainte que vous vous égariez; vous pouvez aller devant, et nous attendre au bas de la montagne, toutefois sans nous perdre de vue.

« J'avais entendu plusieurs personnes de mon voisinage, dire que les missionnaires jetaient, par leurs prédications, le trouble et la discorde dans les familles et entre les autres citoyens. Ce n'est qu'une infâme calomnie, si, comme je le pense, les autres ressemblent à celui que nous venons d'entendre. La paix, la bonne union entre tous les enfans de la même église, entre tous les habitans de la même patrie, entre tous les sujets du roi très-chrétien. Oubli du passé, pardon des injures, tels sont les saints devoirs qu'il a recommandés à ses nombreux auditeurs. « Homme rancuneux, haineux, vindicatif, a-t-il dit, dans un de ces mouvemens qui lui sont si familiers, va, va déposer le vieux et funeste levain de ton cœur, aux pieds de ton créateur, de cet Homme-Dieu qui a prié pour ses bourreaux acharnés. Si tu lui dis : « Je ne veux plus aimer, je veux haïr éternellement cet homme qui a tant fait de mal aux miens et à moi, il te répondra : vile créature, ver de terre, cendre et poussière, quoi ! tu refuses de pardonner, lorsque je pardonne moi-même; lorsque j'aime tu veux haïr. Eh! qu'as-tu fait pour mériter mon pardon et mon amour? Rien. Eh! que dis-je, tu as tout fait pour que je t'abandonne, sans nulle miséricorde, à l'inexorable justice de mon père. »

« Je ne puis exprimer, continua M. Duverneuil, le plaisir que ces paroles m'ont fait éprouver, et je me propose bien d'aller entendre les missionnaires qui prêcheront dans les églises de Paris. »

## CHAPITRE XIV.

*Des missions et des missionnaires.*

Ce que M. Duverneuil venait de dire, me donna l'idée de l'entretenir, pendant quelques instans, des missions et des missionnaires.

« L'origine des missions, lui dis-je, est aussi ancienne que celle du christianisme. Les apôtres, que Jésus envoya prêcher l'Évangile par toute la terre, étaient de véritables missionnaires. Lorsque l'Église chrétienne se fût agrandie, en recevant des nations entières dans son sein, le ministère des pasteurs succéda à celui des apôtres. Des évêques ou surveillans furent choisis pour administrer spirituellement un territoire, plus ou moins considérable, nommé diocèse, avec des prêtres et autres ministres, sous leur dépendance. Quoique les évêques eussent leur autorité circonscrite, ils ne laissaient point d'annoncer l'Évangile aux peuples qui habitaient dans les limites de leur juridiction. La prédication était alors une des plus importantes fonctions de leur ministère. Ils allaient d'un lieu dans un autre, accompagnés de quelques prêtres, pour s'y acquitter des devoirs de l'apostolat, et retirer des ombres de la mort les nations qui, depuis des milliers de siècles, y étaient ensevelies.

« Les fonctions des premiers pasteurs étant devenues plus nombreuses, à mesure qu'ils étendaient la doctrine évangélique, il ne leur fut plus possible d'exercer, aussi souvent qu'ils l'avaient fait, leur apostolat dans les différens lieux de leur diocèse. Ils se virent donc forcés de confier le saint ministère de la prédication à des prêtres dont le zèle et l'instruction leur étaient connus. Cette délégation et une mission étaient bien la même chose.

« Cependant des nations lointaines croupissaient dans le culte des fausses divinités. Pour les appeler à la foi chrétienne, d'autres prêtres furent chargés par le père commun des fidèles, successeur de saint Pierre, d'aller leur annoncer l'Évangile de Jésus-Christ. Ces nouveaux apôtres, si connus sous le nom de missionnaires, partirent aussitôt pour des régions jusqu'alors inconnues, dans le nord et l'orient de l'Asie, en Afrique et en Amérique.

Notre Europe, dont une grande partie se trouvait ensevelie dans les plus épaisses ténèbres de l'idolâtrie, avait déjà entendu la voix des missionnaires. C'est au zèle infatigable de ces hommes courageux, que les peuples de la Grande-Bretagne, de la Germanie, de la Saxe, du Danemarck, de la Suède, de la Pologne et de la Russie sont redevables de la connaissance du vrai Dieu et de la foi en Jésus-Christ.

« A quels hommes, si ce n'est aux missionnaires, devons nous attribuer la conversion des habitans du vaste continent américain. Quelle était leur religion à l'époque de la découverte de l'Amérique par Christophe Colomb, vers la fin du seizième siècle ? — J'ai lu avec bien de l'intérêt, interrompit madame Duverneuil, l'histoire de cette découverte dans les ouvrages des pères

Labat et Charlevoix, et dans l'*Histoire générale des Voyages*, par l'abbé Prévôt. — Eh bien, madame, vous avez dû gémir sur le déplorable aveuglement des peuples du Pérou, du Mexique et sur celui des sauvages de la Terre-Ferme et des îles. Sans la prédication des missionnaires envoyés par le successeur de saint Pierre et plusieurs princes catholiques, au nombre desquels les rois de France et d'Espagne tiennent le premier rang, les habitans du Mexique sacrifieraient, peut-être encore, des victimes humaines à leurs idoles ; la Louisiane, le Canada et cette vaste étendue de pays qui porte aujourd'hui le nom d'*États-Unis*, seraient encore peuplés de sauvages, plongés dans l'ignorance la plus grossière. Il faut en dire autant de ceux des îles et de l'Amérique méridionale.

Ainsi, voilà un monde tout entier que les missionnaires ont éclairé du divin flambeau de la foi, et qu'ils ont tiré de la barbarie pour lui faire l'inestimable présent de la civilisation chrétienne.

« Dans le même siècle, les Portugais ayant découvert le cap de Bonne-Espérance, de nombreux missionnaires s'embarquèrent pour aller prêcher l'Évangile aux peuples de l'Indostan, qui habitaient entre l'Indus et le Gange. Ceux de la côte de Malabar reçurent les premiers rayons de cette lumière divine. Dans le nombre de ces nouveaux apôtres, saint François Xavier, un des premiers membres de la compagnie de Jésus, s'est fait, par son dévouement héroïque, un nom immortel, et a mérité d'être mis au rang des Saints. Ce grand missionnaire avait choisi pour théâtre de son apostolat les îles situées à l'orient de l'Asie. Après y avoir converti un grand nombre d'infidèles, il se proposait d'aller prêcher la foi dans le vaste empire de la Chine, lorsqu'il succomba dans l'île de Sancian à ses glorieux travaux.

« Il était réservé à d'autres missionnaires de commencer et d'exécuter une si belle entreprise. Peu d'années après la conquête de la Chine par les Tartares, vers le 17e siècle, plusieurs jésuites obtinrent de l'empereur Cang-Hi la permission de se rendre à Pékin, en qualité de mathématiciens. Profitant des bonnes dispositions de ce prince à leur égard, ils s'établirent dans cette capitale. Dieu vint bientôt à leur secours. L'empereur qu'ils prièrent de leur accorder son autorisation pour le libre exercice de leur religion, se montra favorable à leur demande, et leur permit de bâtir une église dans l'enceinte du palais impérial. C'était déjà un grand pas de fait. Cang-Hi, bientôt après, ne s'arrêta point à ce premier témoignage d'intérêt pour le christianisme, dont il avait fait examiner les dogmes et la morale, il en autorisa, par un édit, le libre exercice dans toutes les provinces de son empire. Jusqu'à sa mort, qui arriva après un long règne, un grand nombre de Chinois embrassèrent la foi chrétienne, et le nombre des églises s'accrut en proportion des néophytes.

« — Après la mort de cet empereur, que devint donc le christianisme chinois ? me demanda M. Duverneuil. Il me semble, d'après ce que j'ai lu dans quelques relations de voyages, et notamment dans les *Lettres édifiantes*, qu'il a éprouvé bien des vicissitudes.

C'est un grand malheur. Oh! quelle consolation ce serait pour tous les bons chrétiens, quelle joie, si toute la Chine adorait Jésus-Christ! —Hélas! repris-je, à peine Cang-Hi eut rendu le dernier soupir que son successeur se déclara le persécuteur des missionnaires et des nouveaux convertis. Les jésuites qui habitaient la ville de Pékin furent seuls exceptés de l'édit de proscription, à cause des fonctions qu'ils remplissaient, comme astronomes, horlogers, peintres, mécaniciens; encore furent-ils gênés dans l'exercice de leur religion.

« L'empereur Kien-Long, qui succéda à ce prince persécuteur, laissa les choses, à peu de chose près, comme il les trouva; mais il ne persécuta point, et même il usa souvent de tolérance à l'égard des missionnaires des provinces.

Les deux empereurs qui ont successivement gouverné la Chine après lui, n'ont plus souffert aucun missionnaire dans les provinces. Il s'en trouve encore quelques-uns à Pékin, mais avec les seules qualités de mathématiciens. Il est bien à déplorer que la religion chrétienne ait été ainsi arrêtée dans son essor. Cependant, nous devons espérer que la divine semence que les missionnaires ont répandue dans toute la Chine n'est pas entièrement étouffée, et qu'un jour viendra où tous ces grains de sénevé se développeront en forme d'arbres majestueux.

« Je ne finirais pas, si je voulais vous rapporter tout ce que les missionnaires ont fait pour la gloire de Dieu et l'avancement de la religion catholique dans toutes les parties du monde, tout ce qu'ils font encore, et tout ce qu'ils feront par les mêmes motifs, jusqu'à ce que l'Évangile ait été annoncé à tous les peuples qui habitent notre globe.

« Pour ce qui est de notre patrie, l'énumération des services qu'ils lui ont rendus depuis la restauration ne serait pas terminée avant notre arrivée à Nanterre. Personne n'ignore à quel degré de démoralisation et d'irréligion la masse du peuple des villes et des campagnes était parvenue, sous l'influence des principes et des lois révolutionnaires : oubli complet, ou mépris de ce que nos pères respectaient; unions illégitimes et scandaleuses; mœurs dont la grossièreté égalait la dépravation; acharnement contre ce qu'il y avait de plus saint; sacriléges, matérialisme, athéisme, que dirai-je de plus? Tout ce qui avilit la dignité de l'homme, tout ce qui attaque la majesté de son auteur, était devenu, pour ainsi dire, le code universel des Français. L'ancien gouvernement avait fait, il est vrai, quelques efforts, depuis l'année 1801, pour rétablir les mœurs publiques et la religion catholique sur leurs anciennes bases, mais les guerres continuelles du chef de ce gouvernement, et surtout sa conduite envers le chef de l'Église, s'opposèrent à l'effet que devaient produire quelques sages mesures qu'une bonne politique lui avait inspirées. D'ailleurs, comment les mœurs et la catholicité pouvaient-elles se rétablir d'une manière durable avec la loi du divorce, et avec l'opinion, presque généralement établie, que les mariages contractés devant l'autorité civile, pouvaient se passer de la bénédiction nuptiale? En vain, le gouvernement se fût-il efforcé de remédier à ces maux, causés par la révolution; il en était l'enfant, il était donc naturel qu'il respectât, jusqu'à un certain point l'ouvrage de sa mère.

Le gouvernement des Bourbons n'avait point à garder tous ces ménagemens. Pour régner paisiblement sur les Français, le monarque légitime sentit fort bien qu'il fallait les ramener par des moyens efficaces à la religion et à la morale. Il commença, avec le concours des chambres législatives, par leur donner des lois protectrices, des lois religieuses et morales. Les premiers pasteurs s'empressèrent alors de seconder les intentions et les efforts de cette sage politique, en autorisant un certain nombre de prêtres vertueux, instruits et zélés, à se réunir, comme en un collége d'apôtres, pour aller annoncer l'Évangile du royaume de Dieu à ceux qui n'en avaient jamais entendu parler, ou qui l'ayant connu, en avaient oublié même le nom, pour ne réserver leur mémoire qu'aux maximes d'une philosophie, ennemie de Jésus-Christ et de sa doctrine.

« Revêtu, pour ainsi dire, du caractère apostolique, les envoyés des premiers pasteurs se répandent dans nos provinces; et la croix à la main, ils parcourent successivement les cités et les campagnes. L'enfer a frémi en voyant ces généreux athlètes, armés pour le combattre, de ce signe auguste et de la pure doctrine de Jésus et de son Église. A leur apparition dans les chaires évangéliques, ses nombreux suppôts font les plus criminelles tentatives pour les en faire descendre, sans nul respect pour le lieu saint; ils cherchent à les intimider par leurs outrages et les plus violentes menaces; mais non, ces hommes intrépides, qu'anime l'esprit de Dieu, et qui savent bien que tous ceux qui entrent dans la sainte et pénible carrière qu'ils ont choisie, n'ont souvent à espérer que des humiliations et des persécutions, avant d'obtenir quelques succès, s'animent d'un courage invincible contre tous les obstacles. Enfin par leurs larmes, par leurs prières, par leur patience, ils rendent de jour en jour plus nombreux le petit troupeau qui s'est d'abord assemblé autour d'eux. Frappés de leur persévérance, leurs ennemis sont venus les entendre; ils ont rendu justice à leur zèle, à la pureté de leurs intentions; ils ont reconnu que l'esprit de paix et de charité était le seul qui les guidait dans les fonctions de leur ministère, et qu'ils ne demandaient à leurs auditeurs que le retour aux salutaires croyances, aux utiles et indispensables pratiques qui étaient si chères à leurs pères.

« De prétendus philosophes ont dit : Pourquoi des missionnaires ? Est-ce que la France n'est pas chrétienne ? Est-ce que les temples sont déserts ? Est-ce que les peuples manquent de pasteurs ? Est-ce que ces pasteurs ne suffisent pas à l'instruction des fidèles ? On leur a répondu : La révolution avait, pour ainsi dire, déchristianisé le peuple français ; les temples étaient beaucoup moins fréquentés qu'ils ne le sont aujourd'hui ; les pasteurs manquaient dans un grand nombre de paroisses ; les pasteurs, dont la plupart approchaient de la vieillesse, n'avaient ni les forces, ni le temps de se livrer à la prédication.

Eh! comment plus nombreux, eussent-ils pu abandonner leur troupeau pour aller distribuer à d'autres troupeaux le pain de la parole de Dieu? Au lieu de désapprouver les missions, la vraie philosophie et la bonne politique, indépendante de la religion, les regardent comme les moyens les plus capables de procurer aux peuples les plus grands avantages, soit dans l'ordre temporel, soit dans l'ordre moral. »

## CHAPITRE XV.

*Précis de la vie de sainte Geneviève. — Dîné à Nanterre. — Retour à Paris.*

CEPENDANT nous étions arrivés sur la grande route. Les enfans nous y attendaient, assis sur le gazon qui la bordait. Deux mendians, un homme et une femme, les avaient quittés, très-mécontens de n'en avoir reçu aucune aumône, et plus encore peut-être de nous avoir vus. « Maman, dit Geneviève à madame Duverneuil, ç'a été une grande peine pour moi de n'avoir rien eu à offrir à ces pauvres, moi, qui m'appelle Geneviève, et qui suis près de l'endroit où est née ma patronne. — Cours vite après eux, et donne-leur cet argent à partager entre eux deux, dit madame Duverneuil à Geneviève en lui mettant une pièce de cinquante centimes dans la main. » La jeune personne ne se le fit pas dire deux fois. A son retour elle dit à sa maman : « Cette bonne femme m'a bien remerciée, en me disant : ma petite demoiselle, je prierai sainte Geneviève de vous bénir, et d'obtenir du bon Dieu la grâce que vous lui ressembliez, et que vous deveniez comme elle une grande sainte. »

« Puisque vous avez bien voulu, me dit alors M. Duverneuil, nous édifier par vos sages discours, maintenant que nous sommes tous rassemblés, et qu'il nous reste environ un quart d'heure de chemin à faire, avant notre arrivée à l'église paroissiale de Nanterre, voudriez-vous bien encore nous aider à sanctifier la fin de notre voyage par quelques détails sur la vie de sainte Geneviève. »

Je consentis de bien bon cœur à la demande de cet excellent homme. Les deux garçons se placèrent à ma droite, et à ma gauche, M. Duverneuil, sa femme et Geneviève : à ma montre il n'était que deux heures et demie. «Puisque nous avons le temps qu'il nous faut, pour achever notre voyage, dis-je à ma compagnie, nous n'avons pas besoin de nous presser. Je désirerais fort de vous dire tout ce que je sais au sujet de la sainte patronne de Geneviève, avant d'arriver à l'église. — C'est à propos, dit madame Duverneuil; et je commençai.

«Geneviève naquit dans le bourg que nous voyons vers l'an de notre Seigneur, 423. La tradition porte que ses parens étaient de pauvres laboureurs, qui professaient la foi chrétienne et catholique, dont notre patrie était redevable à la prédication de saint Denis. Dès ses premières années, elle se distinguait entre toutes les jeunes personnes de son âge par son obéissance et son respect pour les auteurs de ses jours, et par sa piété. La prière était son occupation favorite; elle était déjà un modèle de vertu, lorsque saint Germain, évêque d'Auxerre, et saint Loup, évêque de Troyes, passèrent par le bourg de Nanterre, en allant dans la Grande-Bretagne, dont une hérésie divisait les Églises. A leur arrivée les habitans accourent pour rendre leurs hommages à ces vénérables pontifes. La jeune Geneviève se trouvait avec ses parens dans cette troupe de fidèles. Son air modeste et pieux, et un je ne sais quel caractère éminemment religieux, empreint sur toute sa personne, la fait remarquer par saint Germain. Il l'appelle avec ses parens auprès de lui, l'interroge sur ses dispositions, sur sa conduite habituelle, et satisfait de ses réponses, toutes dictées par l'esprit de Dieu, il l'invite à le suivre à l'église du lieu. Là, au pied des autels et en présence du peuple, il lui impose les mains pour la consacrer au Seigneur. Après cette cérémonie, il fait promettre à ses parens, nommés Sévère et Géronce, de la lui amener le lendemain, aussitôt que le jour aura paru.

« L'aube matinale commençait à paraître, lorsque Geneviève fut conduite par ses père et mère au saint prélat, qui, après l'avoir exhortée à persévérer dans la vertueuse conduite qu'elle avait tenue jusqu'alors, lui donna sa bénédiction, et lui fit présent d'une médaille sur laquelle était représenté le Sauveur du monde, en lui demandant le secours de ses prières. Il fit ensuite ses adieux à cette sainte fille, et continua son voyage pour l'Angleterre.

« Les parens de Geneviève qui jusqu'alors n'avaient employé à son égard que les procédés les plus doux, sans jamais la contrarier dans ses exercices de piété, et qui même attribuaient à ses vertus les bénédictions que le ciel répandait sur leurs travaux, ne virent qu'avec peine, depuis sa consécration au service du Seigneur, l'accroissement de sa ferveur dans les pratiques de la piété chrétienne, et ses visites fréquentes dans l'église du bourg,

Je n'entreprendrai point de peindre la douleur de Geneviève, lorsque sa mère lui déclara qu'elle eût à garder la maison, même les jours de fête : vous pouvez-vous en faire une idée. A un ordre si injuste, elle se met à verser un torrent de larmes ; elle veut faire à ce sujet quelques représentations à sa mère, mais celle-ci au lieu de les écouter, entre en fureur et lui donne un soufflet, que vu sa consécration, on pourrait appeler un sacrilége. Le ciel ne laissa pas cette violence impunie ; Géronce fut aussitôt frappée de cécité ; et ce ne fut qu'après qu'elle eut reconnu sa faute, que Dieu, fléchi par les prières de Geneviève, lui rendit l'usage de la vue. Suivant une pieuse tradition, ce fut avec l'eau d'un puits qu'elle guérit sa mère, en lui en frottant les yeux. Ce puits a été longtemps dans une singulière vénération.

On venait de Paris et des environs, à Nanterre, chercher de son eau, comme un excellent remède contre le mal d'yeux.

« En attendant le moment de renoncer au monde par l'entière consécration de sa virginité au Seigneur, Geneviève menait paître les troupeaux de son père dans les fertiles pâturages qui s'étendent sur la rive gauche de la Seine. Pendant que ses innocentes brebis, sous la garde d'un chien fidèle, broutaient l'herbe fleurie, tantôt elle filait sa quenouille, tantôt frappée de la présence de Dieu, elle s'agenouillait, et les yeux levés au ciel, elle récitait quelques-unes des prières, qu'elle avait apprises dans le lieu saint ou dans la maison paternelle; tantôt plongée dans une méditation profonde, elle repassait dans son esprit les éternelles vérités qu'elle avait lues ou entendues de la bouche des prêtres, envoyés par l'évêque de Paris pour instruire le peuple des campagnes.

« Son père et sa mère étant morts à peu d'intervalle l'un de l'autre, notre sainte bergère se rendit à Paris, où une dame qui lui avait servi de marraine, la reçut dans sa maison, et voulut lui tenir lieu de mère. Cette dame, qui connaissait la piété singulière de sa filleule, lui laissa une liberté entière de se livrer à ses saints exercices. Quelque temps après, l'évêque, informé de l'éminente piété de cette jeune vierge, la fit venir auprès de sa personne avec plusieurs autres filles plus âgées qu'elle, et après s'être assuré de leur vocation, il les consacra toutes au service de Jésus-Christ.

« Geneviève était d'une beauté qui l'emportait sur celle de ses jeunes compagnes; mais elle les surpassait encore plus par ses vertus. L'évêque voulant les honorer, lui assigna la première place dans l'auguste cérémonie de la consécration. Depuis ce moment elle fit deux parts de son temps; la première fut employée aux saintes pratiques de la piété, et l'autre au soulagement des pauvres et des infirmes. Ainsi toutes ses journées furent remplies par la prière et les œuvres de miséricorde. Cependant cette âme si pure ne croyait pas être digne du céleste époux, si elle ne faisait pas entrer la pénitence dans le genre de vie qu'elle avait embrassé. Elle s'était astreinte à ne manger que tous les trois ou quatre jours; encore ses repas ne consistaient-ils qu'en une petite quantité d'orge et de fèves, mal assaisonnés, et l'eau pure était-elle son unique boisson. Lorsqu'elle fut parvenue à une extrême vieillesse, elle modéra cette rigoureuse abstinence, par l'usage d'un peu de lait et de poisson. Elle passait, à prier et sans se livrer au sommeil, la nuit du samedi au dimanche, et chaque année, elle se disposait, par une retraite de plusieurs mois, à la communion pascale.

« Le croiriez-vous, continuai-je, en me tournant vers madame Duverneuil, qu'une vie si chrétienne ne fut point à l'abri de la calomnie. — Est-ce que la vraie dévotion était alors tournée en ridicule, comme il arrive souvent dans le siècle où nous sommes? — Hélas! Ce n'est que trop vrai, madame. La piété de Geneviève fut taxée d'hypocrisie; on accusa cette sainte fille d'une méprisable superstition; et ses ennemis, dont le spectacle de ses vertus était la condamnation de leurs vices, réussirent en partie à soulever contre elle l'opinion publique. Informée des bruits qui couraient contre sa vertu, elle eut recours à Dieu, et ses prières continuelles lui obtinrent la force nécessaire pour supporter ses peines. Elle gémissait depuis plusieurs années sous le poids des calomnies, lorsque saint Germain s'étant rendu à Paris, se chargea de sa défense, et confondit la malice de ses persécuteurs.

« Sous le règne de Mérovée, Attila, roi des Huns, qui s'était fait surnommer le *fléau* de Dieu, était entré en France à la tête d'une armée immense, et portait partout la désolation sur son passage; le bruit courut à Paris qu'il marchait sur cette ville. Les Parisiens épouvantés, se disposaient à prendre la fuite lorsque Geneviève les rassura, en leur disant que ce barbare n'entrerait pas dans leur ville. L'événement ne tarda pas à confirmer cette prédiction : Attila passa la Seine à quelques lieues au-dessus de Paris, pour aller mettre le siége devant la ville d'Orléans.

« Ce fut bien alors que les ennemis de la sainte furent convaincus du crédit que ses vertus lui méritaient auprès de Dieu. Bientôt la réputation de la bergère du village de Nanterre se répandit dans toute la France, et de tous côtés, on vint lui demander l'assistance de ses prières. Elle n'était pas l'objet de la vénération des seuls chrétiens, mais encore celui du respect des païens. Le roi Childéric, successeur de Mérovée, tout idolâtre qu'il était, lui donna plusieurs fois des preuves de son estime.

Après la mort de ce prince, Clovis, son fils et son successeur, étant venu mettre le siége devant la ville de Paris, dans l'intention d'en faire la capitale de ses états, les Parisiens se virent bientôt réduits à la plus alarmante disette. Vivement touchée de leur situation, Geneviève entreprend de les sauver. Munie d'une somme considérable d'argent, que la charité des fidèles lui a confiée, elle s'embarque sur la Seine, remonte cette rivière, parcourt la Bourgogne et la Champagne pour y acheter du blé et d'autres vivres ; et revient à Paris avec plusieurs barques chargées de grains. Les nombreux obstacles qu'elle avoit rencontrés pendant son voyage, firent regarder son retour comme un nouveau miracle de la Providence.

Si Geneviève devait être regardée comme la protectrice des Parisiens auprès de Dieu, on peut dire qu'elle fut l'utile instrument dont il se servit pour faire le bonheur de la France, en éclairant le roi Clovis de la lumière de son Évangile. Clotilde, épouse de ce prince, était chrétienne, sollicitée par cette sainte fille de l'exhorter à se faire chrétien, elle saisit toutes les occasions qui se présentaient de lui parler du vrai Dieu et de lui montrer la vanité des idoles. Clovis, instruit de la puissance du Dieu de Clotilde, fit vœu d'embrasser la religion chrétienne s'il remportait la victoire sur les Allemands dans les champs de Tolbiac. Il vainquit, se fit instruire par l'archevêque de Reims, et reçut le baptême. C'est donc à la pieuse liaison qui existait entre sainte Geneviève et sainte Clotilde, que notre France est redevable du bonheur de voir assis sur son trône les monarques de l'Europe les plus anciennement chrétiens.

« Clovis connaissait l'éminente vertu de cette sainte. Devenu chrétien, il se fit une loi de la consulter souvent, et de répandre ses bienfaits sur les personnes qu'elle lui recommanderait. Ce fut, par son conseil, qu'il jeta les fondemens d'un temple dédié aux saints apôtres Pierre et Paul, sur la hauteur où l'on a bâti depuis l'église de Saint-Étienne-du-Mont

« Cette fidèle servante de Dieu était loin de négliger le culte des Saints. Pour satisfaire sa dévotion envers saint Martin, elle alla visiter son tombeau dans la ville de Tours. Pendant ce voyage, ses pas furent marqués par de fréquens actes de charité envers les malheureux qu'elle rencontrait et rien ne put la distraire de ses pieuses pratiques.

« Les vertus de cette grande sainte lui

donnaient un ascendant victorieux sur les personnes de son sexe, non-seulement sur celles qui vivaient sous sa direction, mais encore sur le plus grand nombre des autres qui habitaient la capitale. Il n'en était presque aucune qui ne se sentît encouragée à la vertu par ses exemples, aucune qui ne s'empressât de recevoir ses instructions. Les jeunes personnes qu'elle faisait entrer dans le chemin de la vertu, ne se montraient pas moins dociles à sa voix, que le troupeau qu'elle menait paître autrefois dans les prairies de Nanterre. La persuasion coulait de ses lèvres; et ses jeunes néophytes, après avoir prêté l'oreille à ses leçons, ne tardaient pas à renoncer aux erreurs du paganisme, et aux vanités du monde.

« La bergère de Nanterre, loin de s'enorgueillir des honneurs que lui attiraient ses vertus, se rappelait sans cesse les humiliations auxquelles le Sauveur du monde s'était soumis pour nous guérir de notre orgueil; et plus sa sainteté éclatait aux yeux du monde, plus elle se mortifiait devant Dieu par une pénitence de tous les jours, de tous les instans. Cependant, malgré ses austérités et ses veilles, qui semblaient devoir abréger ses jours, elle parvint à l'âge de quatre-vingt-neuf ans.

« Quelque temps après qu'elle eut terminé une si longue carrière, qui n'avait été qu'un enchaînement de bonnes œuvres, sa vénérable dépouille fut déposée solennellement dans l'église des Saints-Apôtres, qui lui fut dédiée après qu'elle eut été achevée. Son tombeau attira bientôt une grande affluence de fidèles; et Dieu se plut, dans tous les temps, à y manifester sa puissance en faveur de ceux qui invoquaient cette glorieuse patronne de la capitale du royaume Son corps qui d'abord avait été enfermé dans une tombe de pierre, en fut retiré en 632, et placé dans une châsse magnifique; cette châsse, comme suspendue derrière le grand autel, devint l'objet des offrandes les plus riches; les rois, les princes et princesses l'entourèrent à l'envi de lampes d'or, et l'enrichirent de couronnes de pierres précieuses. Cependant le cercueil de pierre ne cessa point d'être révéré par les fidèles; on le voit encore de nos jours dans une chapelle de Saint-Étienne-du-Mont.

« Dans tous les temps, les Parisiens ont honoré et invoqué Geneviève, comme leur protectrice auprès de Dieu, principalement dans les temps de calamité. Alors on descendait solennellement la châsse qui contenait ses saintes reliques, et on la promenait dans les rues de Paris, accompagnée de tout le clergé, de toutes les cours souveraines, et de tous les officiers municipaux, ayant le prévôt des marchands à leur tête.

«Vers le XII<sup>e</sup> siècle, une terrible maladie épidémique se manifesta dans la capitale, elle tourmentait les malades, comme un feu dévorant; nul remède ne pouvait en arrêter les ravages, et dans un court espace de temps plus de vingt mille personnes de tout âge et de tout état en furent les victimes. Enfin, on eut recours à l'intercession de sainte Geneviève, et l'évêque de Paris ordonna un jeûne public après lequel sa châsse devait être descendue, et transportée processionnellement à l'église de Notre-Dame. A cette nouvelle l'espérance renaît dans tous les cœurs; une foule immense de peuple accourt sur le passage des saintes reliques; dès ce moment l'épidémie prend un caractère plus satisfaisant; bientôt après elle a entièrement cessé; et tous les malades rendent grâces à Dieu de leur guérison, visiblement opérée par l'intercession de la sainte bergère de Nanterre. Une fête fut instituée pour rappeler aux Parisiens la mémoire de cet heureux événement, et leur dévotion envers leur patronne, excitée par la reconnaissance, ne fit que s'accroître de jour en jour.

«Comme l'ancienne église qui lui était dédiée, ne pouvait contenir les fidèles qui, dans certaines solennités, s'y rendaient de tous les quartiers de la capitale et des environs, à plus de dix lieues à la ronde, et d'ailleurs qu'elle se trouvait dans un état de vétusté et de dégradation, peu convenable à la majesté du culte qui devait être rendu à la sainte, Louis XV ordonna, vers le milieu du dix-huitième siècle, la construction d'un temple, d'une magnifique architecture, dans lequel sa châsse serait transférée. Ce superbe temple, l'un des plus beaux monumens d'architecture, dont la France puisse s'enorgueillir, fut commencé sur les dessins de l'architecte Souflot; mais plus de soixante années s'écoulèrent avant qu'il fût achevé. Lorsqu'on y eut mis, à peu près, la dernière main, l'ancien temple fut démoli. Aujourd'hui, les reliques de la sainte, qui ont pu être préservées de la destruction, y sont exposées à la vénération publique dans un précieux reliquaire. »

Ici, je m'arrêtai, nous étions arrivés à Nanterre.

## CHAPITRE XVI.

*La paysanne. — L'église de Nanterre. — Instruction du curé. — Le dîner. — Le retour à Paris.*

Comme nous nous étions arrêtés de temps en temps, pendant que je disais à monsieur et à madame Duverneuil ce que je savais de la vie de sainte Geneviève, il était plus de deux heures et demie, lorsque nous arrivâmes au village. « Je suis bien fâchée, dit madame Duverneuil à sa fille, que tu n'aies pas entendu tout ce que monsieur nous a appris au sujet de ta patronne. Mais, comme j'ai tout retenu, je te le répèterai lorsque nous serons de retour à la maison. » Après être entrés dans le bourg, nous nous acheminâmes vers l'église paroissiale. Nous la trouvâmes bien mieux ornée et bien plus propre que je ne l'avais vue en 1790; elle était presque remplie de femmes et filles de la campagne, et d'autres personnes de Paris, qui, avant nous, étaient descendues du Calvaire, pour faire leurs prières devant l'image de la sainte bergère, native et protectrice de cette paroisse. Le vénérable pasteur avait profité de cette affluence de fidèles, pour monter en chaire, et leur adresser un discours simple, sans art, mais touchant, sur les vertus de sainte Geneviève. L'occasion était des plus favorables pour la jeune Duverneuil, qui se voyait ainsi dédommagée d'avoir été privée du récit que j'avais fait à ses parens. Elle écouta cette instruction pastorale de manière à n'en pas perdre une seule parole. Je l'ai revue depuis plusieurs fois, et je puis assurer que cette jeune personne s'occupait constamment à imiter la piété, la docilité et la modestie de sa patronne.

L'exhortation du curé ne dura qu'une demi-heure. Après être descendu de la chaire, il se rendit à l'autel, ouvrit le tabernacle, en retira le saint ciboire, et donna la bénédiction aux assistans. Nous restâmes encore quelques minutes à l'église; pendant cet espace de temps, madame Duverneuil se rendit à la sacristie pour y offrir au pasteur la rétribution de cinq messes, et le supplier de couvrir de son étole la tête de Geneviève, en récitant quelques prières.

Il était temps de prendre quelque

nourriture. Les enfans tombaient presque de besoin ; nous nous rendîmes donc dans une auberge située sur la place, où M. Duverneuil nous fit servir un dîner assez copieux pour éteindre notre appétit. Les enfans ne songèrent guère à causer, tant que leur estomac ne se montra pas satisfait ; mais dès qu'ils eurent assez mangé, ils se mirent tous les trois à parler des objets qu'ils avaient vus, des émotions qu'ils avaient éprouvées, du sermon de monsieur le curé, des moutons, du chien et de la houlette de sainte Geneviève. « Je voudrais bien ressembler à ma patronne, disait la jeune fille ; j'aurais bien du plaisir à mener paître dans les prés un petit troupeau de brebis et d'agneaux ; je porterais avec moi mon livre de prière et mon ouvrage : lorsque j'aurais un peu travaillé, je prierais le bon Dieu et sainte

Geneviève, et après ma prière, je reprendrais mon travail, et ainsi de suite. Je serais beaucoup plus tranquille que dans notre rue Sainte-Avoie, où il passe tant de monde, et l'on fait tant de bruit, que je suis continuellement distraite quand je vais à l'église, et que j'en reviens, ou lorsque je veux prier Dieu à la maison. — Je te prends au mot, ma Geneviève, dit M. Duverneuil en souriant. Nous allons te placer chez un paysan pour être la bergère de ses moutons. » Après avoir ainsi parlé, il se leva de table et alla prier la servante de l'aubergiste, d'avertir le maître ou la maîtresse d'un petit troupeau de venir lui parler.

Un instant après nous vîmes entrer dans la salle à manger une vieille paysanne, maigre, mal propre et mal vêtue. « Combien avez-vous de moutons, lui demanda madame Duverneuil? — Quinze, répondit la bonne femme. — Voulez-vous prendre une jeune fille en pension, pour garder vos moutons? — Je ne demande pas mieux; ma fille Geneviève a une si mauvaise santé, que la plupart du temps je me vois obligée de laisser mon petit troupeau à l'étable. — Quel sera le genre de vie de votre nouvelle bergère? — Elle couchera à l'étable dans une espèce de litière; elle se lèvera à la pointe du jour; après avoir fait sa prière du matin, nous lui donnerons pour déjeûner une bonne soupe de fèves ou d'orge. En partant avec ses moutons, elle emportera dans un panier un bon morceau de pain bis, du fromage de Brie et une bouteille d'eau. — Comment sera-t-elle vêtue? Aura-t-elle une houlette? — Elle se couvrira la tête d'un chapeau de paille que j'ai acheté pour ma fille, il y a trois ans; il s'y trouve bien quelques trous, dam! il n'est plus neuf; mais il peut encore aller au moins six mois; elle aura un corset rouge, un jupon rayé et des sabots; un bâton ferré à un bout lui servira de houlette. Si elle sait filer, je lui donnerai une quenouille; si non, il faudra bien qu'elle l'apprenne. — Cette jeune fille sait lire, ainsi elle pourra s'occuper autrement qu'à filer une quenouille. — Ah! madame, tant pis, si elle sait lire! nous ne voulons point de bergères qui sachent lire. Je vous dirai qu'une jeune fille, il n'y a pas long-temps, qui savait lire dans un livre, avait toujours avec elle un livre qu'on lui prêtait, et qu'en gardant ses moutons, elle y avait toujours les yeux fixés; on appelait ce livre-là un roman. Qu'arriva-t-il? un jour, deux brebis s'égarèrent par sa faute, et jamais on n'a pu les retrouver. — La jeune fille dont je vous parle, n'aura dans son panier qu'un petit livre de prières, et point de romans. — A la bonne heure ; si elle s'occupe à prier Dieu et notre bonne sainte Geneviève, elle attirera sur mon troupeau la bénédiction du ciel ; et cette petite fille où est-elle ? — La voilà, répondit madame Duverneuil, en lui montrant Geneviève ; son nom de baptême est le même que celui de votre fille. — Quoi ! madame, c'est cette jeune demoiselle, si aimable et si jolie. — Oui, ma bonne, c'est elle-même ; elle ne demande pas mieux que d'être, comme sa patronne, une bergère de Nanterre. Emmenez-la ; habillez-la comme les autres bergères. »

A ces mots, des torrens de larmes s'échappent des yeux de mademoiselle Duverneuil ; elle se précipite tour à tour entre les bras de son père et de sa mère, et les conjure de ne la point abandonner; elle ne se sent point assez de courage pour vivre loin d'eux, dans un état si pénible; elle peut faire son salut dans la rue Sainte-Avoie, comme dans les pâturages de Nanterre et dans le voisinage d'une route des plus fréquentées des environs de la capitale. « Tu changes bien vite de résolution! lui dit sa bonne maman, c'est ce qui prouve qu'il ne faut pas se résoudre à embrasser un genre de vie, sans bien savoir en quoi il consiste, et quelles en sont les conditions. » Après avoir ainsi parlé, madame Duverneuil remercia la bonne paysanne, en lui mettant une pièce de cinq francs dans la main.

Prenant la parole à mon tour : « Nanterre d'autrefois, dis-je, et Nanterre d'aujourd'hui, n'ont entre eux presque aucune ressemblance, et l'esprit de la population de l'un offre le même contraste avec celui de la population de l'autre. Des chaumières de paysans pauvres et grossiers, dispersées çà et là; presque aucune communication avec Paris; des bois et des bruyères; point de ces belles prairies, que nous devons aux progrès de l'agriculture, tels étaient à peu près Nanterre et ses environs dans les cinquième et sixième siècles. Des cultivateurs heureux, aisés et libres, dans une continuelle communication avec une capitale, centre des plaisirs et des voluptés; des maisons solidement bâties et dont plusieurs avec une certaine élégance; quelques parcs; point de forêts, conséquemment peu d'abris pour les troupeaux contre les rayons du soleil, des prairies dont l'entrée leur est interdite, et des pâtres, espèce de sauvages, qui les conduisent ; tels sont aujourd'hui le bourg de Nanterre et ses environs. Je conçois fort bien que dans les cinquième et sixième siècles une jeune fille chrétienne et vertueuse pouvait ne courir aucun danger ni pour ses mœurs ni pour sa santé, à garder un troupeau dans le voisinage de ce lieu. Aujourd'hui il en serait tout autrement. Abandonnée à elle-même, exposée près d'une grande route ou d'autres chemins fréquentés, et à vivre dans une sorte de familiarité avec les pâtres, il serait bien étonnant que, sans une grâce de Dieu, toute particulière, elle pût conserver ses mœurs dans cette innocence et cette pureté qui caractérisaient la sainte patronne de la ville de Paris. Mademoiselle Duverneuil me permettra de lui dire qu'elle n'a pas trop réfléchi, avant de manifester son désir d'être une bergère comme sainte Geneviève.

« Pour ce qui est de la santé, une jeune personne résisterait-elle, si elle n'était née à la campagne, et si elle n'avait une robuste complexion, à la chaleur, au froid, à la pluie, et aux autres intempéries de l'air ? La vie d'un pâtre ou d'une bergère est, peut-être, la plus pénible qu'on puisse imaginer, parce que, sans contredit, c'est la plus ennuyeuse. Sans doute, c'est un grand mérite de notre sainte, que d'en avoir supporté les désagrémens avec une parfaite résignation. »

Il y avait près d'une heure que notre repas était fini. Nous étions venus à pied, mais les deux grandes lieues que nous avions à faire pour notre retour, exigeaient que nous prissions une voiture. Heureusement, il s'en trouvait une vide sur la place, et nous y montâmes.

« Ah mon Dieu ! quel malheur ! s'écria Geneviève. Nous étions alors sur le pont de Neuilly. — Quel malheur ? lui demande sa mère. — Maman, nous avons oublié la petite corbeille du pâté, où nous avions mis nos petites croix, nos agnus et nos bouquets artificiels! — Où crois-tu que nous l'ayons laissée ? — Je l'avais lorsque mon frère et moi nous vous attendions sur la route, je l'avais encore à l'église et dans la sacristie. — Ainsi, c'est à l'auberge que tu l'as oubliée. — Tu aurais été une bonne gardienne de moutons, dit M. Duverneuil, en souriant. Il serait, je pense, inutile de retourner à Nanterre. Il est probable que la maîtresse de l'auberge aura mis cette corbeille en sûreté pour me la rendre lorsque je la réclamerai. — Cocher ! arrêtez s'il vous plaît, cria madame Duverneuil ; nous avons oublié une corbeille à Nanterre. — Tant pis, madame ; vous la retrouverez ; je vous proteste qu'elle ne sera pas perdue. » En parlant ainsi, ce cocher faisait avancer sa voiture. M. Duverneuil, voyant sa femme irritée contre cet homme, le chagrin de ses deux fils, et les larmes qui coulaient des yeux de Geneviève, se décida enfin à les instruire du sort de la corbeille. « Vous étiez déjà tous montés dans la voiture, leur dit-il, lorsque la fille de l'auberge, en recevant de ma main quelques pièces de monnaie, me dit : Vous avez oublié une corbeille ; et aussitôt elle court la chercher ; je la prends, et le cocher, à qui je la donne, va l'assujettir sur l'impériale de la voiture, dont le derrière était vis-à-vis la porte de l'auberge. J'ai voulu jouir un peu de votre embarras. Notre compagnon de voyage, à qui j'avais fait un signe, savait aussi-bien que le cocher l'endroit où était la précieuse corbeille. Geneviève, je te donnerai des moutons à garder. »

Cet éclaircissement dissipa le chagrin des enfans et l'inquiétude de leur mère. Notre retour à Paris en fut un bien réel pour moi. Ce ne fut, pour ainsi dire, que la larme à l'œil, que je pris congé de cette respectable famille ; je promis à M. Duverneuil et à sa vertueuse épouse, de les aller voir le plus tôt qu'il me serait possible. Comme cette possibilité dépendait entièrement de moi, je me procurai, dès le jour suivant, le bonheur de leur faire une visite. Pendant les quatre heures que nous passâmes ensemble, notre entretien roula tout entier sur ce que nous avions vu au Calvaire. Auguste et son frère avaient déjà commencé une relation de notre voyage. Je les invitai à la continuer, en leur promettant de les y aider de mes propres souvenirs. Au bout de cinq ou six semaines, ils me livrèrent leur manuscrit; c'est d'après ce brouillon, que j'ai rédigé cet ouvrage.

FIN.

www.ingramcontent.com/pod-product-compliance
Lightning Source LLC
Chambersburg PA
CBHW051900160426
43198CB00012B/1681